20 世纪 40 年代，国产半自动电测仪

1954 年，研制的多线式电测仪样机

1957 年，改进的多线式电测仪

测井仪器

1958年，中国研制的第一代JD-581多线式自动电测仪

1963年，改进的JD-581多线式自动电测仪

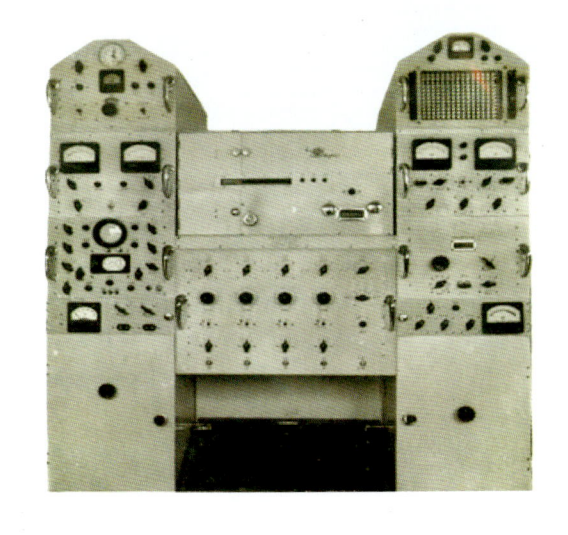

20世纪80年代，JD-581测井系统地面仪器

大庆油田
裸眼井测井发展简史

（1958—2021）

《大庆油田裸眼井测井发展简史（1958—2021）》编委会◎编

石油工业出版社

内容提要

本书通过咨询专家、查阅史志、权威文献资料等方式，全面梳理了大庆油田60多年来测井技术的发展历程和丰硕成果，依据测井资料采集装备的发展，详细介绍了大庆油田裸眼井测井技术在模拟测井、数字测井、数控测井、成像测井及创新发展阶段取得的研究成果，在分析大庆油田裸眼井测井技术现状的基础上，明确了大庆油田裸眼井测井技术的攻关方向，对科技规划的编制及测井关键技术研究方法的确定具有重要的指导意义。

本书可供测井工作者、石油高等院校师生及相关专业人员参考。

图书在版编目（CIP）数据

大庆油田裸眼井测井发展简史：1958—2021 /《大庆油田裸眼井测井发展简史（1958—2021）》编委会编 . --北京：石油工业出版社，2024.8. -- ISBN 978-7-5183-6831-0

Ⅰ. F426.22

中国国家版本馆CIP数据核字第2024WA3981号

出版发行：石油工业出版社
　　　　　（北京安定门外安华里2区1号　100011）
　　网　　址：www.petropub.com
　　编辑部：（010）64523760
　　图书营销中心：（010）64523633
经　　销：全国新华书店
印　　刷：北京中石油彩色印刷有限责任公司

2024年8月第1版　2024年8月第1次印刷
787×1092毫米　开本：1/16　印张：8.5　插页8
字数：140千字

定价：90.00元
（如出现印装质量问题，我社图书营销中心负责调换）
版权所有，翻印必究

测井仪器

20世纪90年代，DLS-I型测井系统地面仪器

大庆测井公司研制的慧眼–1000测井系统地面仪器

大庆测井公司研制的慧眼–2000测井系统地面仪器

测井仪器

20 世纪 50 年代，JD-581 测井仪器车

20 世纪 80 年代，JD-581 测井仪器车

测井仪器

1978 年，引进的 3600 测井装备

20 世纪 80 年代，引进的 CLS-3700 测井装备

测井仪器

20 世纪 80 年代，引进的 CSU 测井装备

20 世纪 80 年代，研制的 DLS-I 型数字测井仪

测井仪器

大庆测井公司研制的慧眼–1000数控测井系统

20世纪90年代，引进的EXCELL–2000测井装备

测井仪器

20 世纪 90 年代，引进的 ECLIPS-5700 测井装备

2006 年，引进的便携式 MAXIS-500（MCM）测井装备

测井现场

20 世纪 70 年代，测井现场

20 世纪 80 年代，JD-581 测井现场

测井现场

20 世纪 80 年代，JD-581 测井现场

20 世纪 90 年代，CSU 测井现场

测井现场

20 世纪 90 年代，CLS-3700 测井现场

20 世纪 90 年代，ECLIPS 测井现场

科技奖励

1987年7月,"放射性同位素示踪技术在油田开发中的应用"获国家科学技术进步奖二等奖

1995年2月,"大庆长垣以西含钙砂泥岩薄互测井解释方法研究"获大庆石油管理局科学技术进步奖一等奖

1996年12月,"喇、萨、杏油田表外储层地质储量研究与计算"获大庆石油管理局科学技术进步奖一等奖

科技奖励

1998年12月,"含钙低阻薄互层储层的油水层判断及参数解释系统"获大庆石油管理局科学技术进步奖一等奖

2003年12月,"薄差层水淹层测井解释技术研究"获大庆油田有限责任公司技术创新奖一等奖

2004年12月,"葡西油田葡萄花油层地质特征研究"获大庆油田有限责任公司技术创新奖一等奖

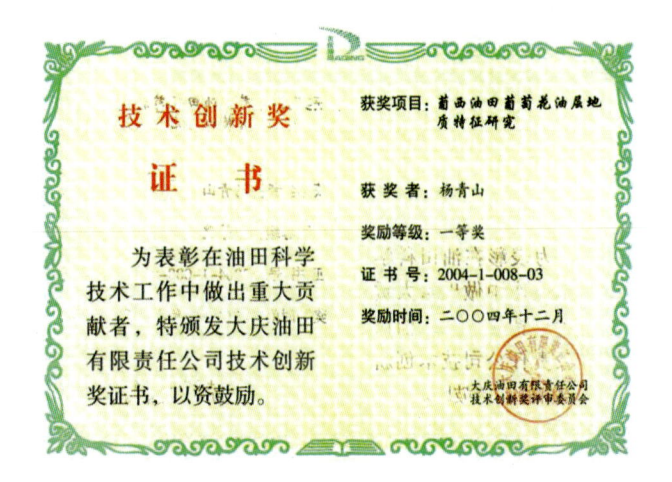

科技奖励

2009年12月,"特高含水期厚油层内部水淹层细分测井解释方法"获大庆油田有限责任公司技术创新奖一等奖

2015年12月,"大庆油田深层火成岩测井评价与射孔工艺配套技术"获黑龙江省科学技术奖一等奖

2016年12月,"长垣0.2m高分辨率测井系列水淹层精细解释技术研究"获大庆油田有限责任公司技术创新奖一等奖

2020年10月,"古页1井测井设计"获大庆油田有限责任公司规划设计奖特等奖

科技奖励

2006年1月,"薄差层水淹层测井解释技术研究"获国土资源科学技术奖二等奖

2006年12月,"水淹层测井解释技术"获中国石油天然气股份有限公司技术创新奖三等奖

2011年12月,"高含水后期水淹层测井评价技术研究"获中国石油天然气集团公司科学技术进步奖三等奖

2013年10月,"大庆长垣以西地区葡萄花油层流体识别及储量参数研究"获中国石油和化学工业联合会科技进步奖三等奖

《大庆油田裸眼井测井发展简史（1958—2021）》编委会

顾　　问：谢荣华
主　　任：闫伟林　陆加敏　殷树军　王永卓
副 主 任：马宏宇　王雪萍　文　政　杨清山
委　　员：（按姓氏笔画排列）
　　　　　王春燕　龙文建　卢　艳　付美男　毕广武
　　　　　孙　月　李　闯　李大鹏　李庆峰　李金奉
　　　　　李郑辰　杨学峰　杨晓玲　何英伟　张兆谦
　　　　　金雪英　郑建东　胡　琎　钟淑敏　夏文豪
　　　　　梁　飞　覃　豪　谢　鹏
指导专家：傅有升　刘传平　吕　晶　李红娟

前言
Foreword

为测井行业存史、为测井工作者立言，2021年12月，中国石油集团测井有限公司倡议中国石油天然气集团有限公司（简称集团公司）、中国石油化工集团有限公司（简称中国石化）、中国海洋石油集团有限公司（简称中国海油）、陕西延长石油（集团）有限责任公司（简称延长石油）等有关单位和高校院所戮力同心，共同编写中国首部测井行业简史——《中国石油测井简史》，作为中国石油的重要一员，大庆油田也积极参与了此次编写。同时，大庆油田技术发展部精心组织了《大庆油田测井发展简史》系列丛书的编写，首次全面系统地总结了大庆油田裸眼井、生产测井和射孔技术的发展历程。

自1958年成立第一支测井队至今，大庆油田测井行业已走过了六十多个春秋。六十多年的发展历程，是大庆油田测井行业从无到有、从弱到强、从引进到自主研发的发展壮大的过程。这是一段凝结了无数测井开拓者的心血与汗水的辉煌历史，是大庆精神铁人精神的完美诠释。在大庆油田有限责任公司（简称大庆油田公司）的大力支持、勘探开发研究院和中油测井大庆分公司的共同努力下，历时8个月的时间，编写了《大庆油田裸眼井测井发展简史（1958—2021）》，全书共5章，系统全面地总结了大庆油田裸眼井测井各方面取得的丰硕成果。大庆油田裸眼井测井随着大庆油田的发展、随着勘探对象的日益复杂、油田勘探开发需求的不断增加而不断完善和壮大。根据测井资料采集装备的发展，大庆油田裸眼井测井技术大致分为四个历史阶段。

模拟测井阶段（1958—1975年）。这是大庆油田裸眼井测井的艰苦创业阶段，该阶段的主要任务是发现和探明大庆油田。在引进苏联全套横向测井技术基础上，结合大庆油田地质特点加以完善与改进，测井科研人员成功研制大庆全套横向测井装备和简化横向测井装备及MK3图版等油水层解释方法和四参数定量解释方法，在大庆油田发现井松基三井及喇72井、萨66井、杏66井"三点定乾坤"拿下大庆油田关键井的解释中起到重要作用，为大庆油田的发现作出了贡献，为大庆长垣各油田各级石油地质储量计算及复算提供重要数据。

数字测井阶段（1976—1986年）。为了适应测井资料计算机处理解释工作的需要，必须发展数字测井装备，将测井信号由模拟记录转换成数字记录。自主研发了DLS数字测井装备，完成了大庆油田测井装备由模拟记录发展到数字记录的第一次升级换代。同期研发了补偿中子、自然电位环自然电流、微球聚焦等测井装备，并研究了开发初期、中高含水期的三套水淹层测井解释方法，实现了水淹层测井技术从无到有的飞跃，适应了调整井水淹层解释的需求，为油田年产油量上 5000×10^4t 作出了突出贡献。

数控测井阶段（1987—1996年）。为了发现和探明大庆长垣外围东西部中浅层各油气田，引进了斯伦贝谢CSU数控测井装备和阿特拉斯3700测井装备及处理软件，自行研制了慧眼–1000、高分辨率薄层测井系列及工作站版水淹层测井资料处理解释系统，研究形成了"西部含钙砂泥岩薄互层""低电阻率油层""高电阻率水层""西部扶余、杨大城子油层""三水饱和度解释模型"等解释方法及针对薄差层和厚层细分的特色水淹层测井解释技术，对油田稳油控水起到重要作用。

成像测井阶段（1997年至今）。为了满足深层砂砾岩、火成岩及海拉尔盆地复杂砂泥岩和火山碎屑岩储层的勘探需求，引进了斯伦贝谢、哈里伯顿和贝克—阿特拉斯公司的成像测井装备及配套处理软件，在此基础上自主研发了慧眼–2000、0.2m超薄层快速测井平台等成像测井装备，并研究形成了深层及海拉尔盆地复杂油气藏测井评价、MDT测试资料处理解释及产能预测技术，开展了致密油储层、碳酸盐岩储层、页岩油气储层测井评价方法研究，为非常规油气等接替资源勘探开发提供了技术支撑。

随着勘探开发的不断深入，大庆油田的勘探开发领域逐渐向碳酸盐岩、页岩油气等非常规储层、深层（超深层）火成岩等领域拓展，新领域、新区带、新层系、新类型的勘探开发对测井采集与处理解释技术都提出了新的需求，因此要围绕油田部署和生产需要，紧跟国内外先进采集技术，大力开展自主、特色测井仪器研发，攻关形成以新一代测井系列为核心的配套解释技术。

本书编写过程中，得到了大庆油田许多老领导、老同志的大力支持和指导，在本书付梓之际，谨代表《大庆油田裸眼井测井发展简史（1958—2021）》编委会表示衷心感谢。本书力求全面详实地记录六十多年来大庆油田裸眼井测井技术发展的点滴，由于客观条件限制，有些资料缺失或无处核实等原因，以及笔者水平有限，本书难免存在遗漏或不当之处，敬请谅解和指正。

目录

第一章 模拟测井，开启艰苦创业之路（1958—1975 年） ··· 1
第一节 模拟测井装备发展与完善 ··· 1
第二节 油水层解释方法的建立及应用效果 ··· 7

第二章 数字测井，迈向数字化新时代（1976—1986 年） ··· 15
第一节 数字测井装备的引进与研制 ··· 15
第二节 水淹层测井解释方法 ··· 17

第三章 数控测井，踏上市场化竞争路（1987—1996 年） ··· 20
第一节 国外引进数控测井设备 ··· 20
第二节 国内数控测井设备 ··· 23
第三节 自主研发测井装备及软件系统 ··· 24
第四节 测井解释方法 ··· 27

第四章 成像测井，服务"油气并举"战略（1997 年至今） ··· 33
第一节 国外引进成像测井设备 ··· 33
第二节 自主研发成像测井设备 ··· 36
第三节 测井解释方法及软件平台 ··· 46

第五章 创新发展，支撑油田辉煌百年 ··· 69
第一节 国外测井技术新进展 ··· 69
第二节 大庆油田裸眼井测井技术现状 ··· 81
第三节 大庆油田裸眼井测井技术展望 ··· 85

参考文献……………………………………………………………………………… 90
附录一　大庆油田测井机构沿革…………………………………………………… 91
附录二　历年科技成果获奖项目一览表…………………………………………… 100
附录三　大庆油田裸眼井测井大事记……………………………………………… 103

第一章 模拟测井,开启艰苦创业之路（1958—1975年）

20世纪50—70年代,大庆油田勘探经历第一个阶段,该阶段主要任务是发现及探明大庆油田。大庆长垣萨尔图、喇嘛甸、杏树岗等油田均属典型构造油气藏。勘探主要目的层萨尔图油层、葡萄花油层、高台子油层为中高孔渗砂泥岩储层。20世纪50—60年代,引进苏联全套横向测井技术,在此基础上加以消化吸收及仿制,结合大庆油田地质特点优选出一套以底部梯度电极系为主的大庆全套横向测井技术及相应油水层解释方法。在大庆油田发现井松基三井及"三点定乾坤"拿下大庆油田关键井喇72井、萨66井、杏66井的解释中起到重要作用,为大庆油田的发现作出了贡献。20世纪60—70年代,成功研制以三侧向、声波测井为主的简化横向测井系列及相应的四参数定量解释方法,对每个储层除了给出油水层解释结论以外,还能提供孔隙度、泥质含量、渗透率、地层水电阻率、含油饱和度和地层压力等参数,为大庆长垣各油田各级石油地质储量计算及复算提供重要数据。

第一节 模拟测井装备发展与完善

新中国成立前,我国第一代测井技术人员在玉门油田已开始测井作业[1]。最早的测井装备是一辆卡车拉着万用表、绕着麻包电缆的滚筒及支架,由4个人同时旋转滚筒手柄将麻包电缆及测井仪器下到井内,测得模拟电压信号传到地面用万用表记录。1953年从苏联引进半自动电测仪,井下测得的模拟信号传到地面的电子电位差计上使其零点指针发生偏移,通过手转动操作杆使电位差计指针回零用补偿方法记录电压值，经刻度及横向比例换算最终得到各种测井曲线，只能进行单道点测。因麻包电缆滚筒需人工转动，所以当时一个测井队有 100 多人。1954 年下半年进行技术改造，麻包电缆滚筒改由电瓶驱动，既可节省人力提高效益，又可进行匀速测井。1955 年从苏联引进 AKC-50 型自动电测仪，又成功研制电缆绞车，能进行变速测量。1956 年开始将麻包电缆改为钢丝电缆。大庆油田最早勘探测井工作是从 1958 年才正式开始的，所以没有经历万用表及电子电位差计测井技术发展阶段。

一、苏联全套横向测井装备

1. 地面测井设备 AKC-51 型

1958 年，从玉门调来苏联引进的 AKC-50 型电测仪，该仪器采用单道光点模拟记录。井下测量的模拟电压信号通过电缆传到地面仪器的光点检流计上，检流计镜片光点随输入电压信号大小成比例地偏转，光点照到感光相纸上通过洗相可获得随地层深度变化的某种物理特性的测井曲线。

1961 年，从苏联引进 AKC-51 型电测仪后，经过研究将 AKC-50 型电测仪全升级成 AKC-51 型电测仪。

2. 井下测井仪器

当时从苏联引进及自行仿制的井下测井仪器有：0.5m 电位电极系，1.0m 顶部梯度电极系，0.25m、0.45m、1.00m、2.50m、4.00m、8.00m 底部梯度电极系，微电极、自然电位。

3. 便携式电测仪

从玉门油田带来的由地质部上海仪器厂制造的便携式电测仪，其基本功能与苏联 AKC-50 型地面测井设备一样，只是体积大大缩小，可装在一个箱子里用手提着走，使用方便。该仪器在大庆吉林探区测过几口井。

二、大庆全套横向测井装备

1. 大庆全套横向测井系列优选

大庆油田属陆相沉积油田，储层具有以正韵律沉积为主、厚层非均质严重及薄互层发育的地质特点。通过对大量的测井、地质及试油资料研究分析认为，电位电极系虽然具有极大值处于储层中部的优点，但当层厚小于电极距时曲线会出现异常，无法使用，不适合薄互层发育的大庆油田。顶部梯度电极系因其极大值在储层顶部，也不适合以正韵律沉积为主的大庆油田。在此基础上优选出适应大庆油田地质特点的以底部梯度电极系为主的大庆全套横向测井系列，包括地面测井设备和井下测井仪器，从1962年起在大庆油田推广使用。

地面测井设备为 AKC-51 型电测仪。

井下测井仪器：裸眼井测井系列有 0.25m、0.45m、1.00m、2.50m、4.00m、8.00m 底部梯度电极系，微电极（微电位、微梯度）、自然电位、井径、井斜、流体。套管井测井系列有井温、磁性定位器。

2. 横向测井系列完善与改进

攻克两只"拦路虎"，确保资料齐全准。

大庆油田会战初期，在进行横向测井作业时，经常出现微电极在油层段幅度偏低、幅度差减小及自然电位基线不稳，随深度发生偏移，甚至出现"大肚子"现象，成为落实当时会战领导小组提出对每口井要"取全、取准20项资料、72个数据"指示的两只"拦路虎"，为此组织技术人员精心攻关。

针对微电极幅度偏低、幅度差变小的问题，经分析研究认为：主要原因是钻井液电阻率太低及滤饼过厚，次要原因是弹簧极板压力不够及仪器只能单道测量。为此，首先对苏制 AKC-51 型地面仪器进行改进，将单道改为双道测量，确保一次下井可同时录取微电位、微梯度两条曲线。其次，选用优质钢板增加极板的压力，使其紧贴井壁。最后，抽调两个测井队开展不同钻井液电阻率与起钻以后不同时间测井的现场试验。经过大量的试验数据分析研究，确定对于大庆长垣中浅层只有当钻井液电阻率大于 $4\Omega \cdot m$，且完钻以后第一串下井进行微电极测井（这时滤饼相对比较薄），才能保证微电极的测井质量，从而攻克了第一只"拦路虎"，这一标准一直沿用至今。

针对自然电位基线严重偏移、出现锯齿状及"大肚子"现象，经反复试验研究分析，认为主要是绞车滚筒磁化干扰、井场漏电干扰及井筒钻井液不均质造成的。为此，首先要求钻井队完钻以后必须循环钻井液几个小时，确保井筒钻井液均匀才能测井。其次，为了防止滚筒磁化干扰，研制出木质滚筒及麻包电缆解了燃眉之急，后来西安仪器厂研制出不锈钢滚筒彻底解决了磁化干扰的问题。最后，采用远离井场 50~100m 放置地面测量电极的方法，减少井场弥散电流对自然电位测量的影响，从而攻克了第二只"拦路虎"。

采取上述措施后，攻克了两只"拦路虎"，确保了测井曲线质量，为落实会战领导小组提出的每口井要"取全、取准 20 项资料、72 个数据"指示作出重要贡献。

3. 综合测井仪

1966 年，大庆油田钻井指挥部测井大队在电话拨号系统的启发下，研制发明出自动换电极的综合测井仪，一次下井能测得三条曲线，使仪器下井次数由四次变为两次，提高了测井时效，接着又采用了类似两伞腿的菱形井径腿结构，降低了事故频率，为 1205 钻井队、1202 钻井队赢得了宝贵的时间，为这两个队年钻 100000m 作出了贡献。

1965 年，成功研制七侧向测井仪，在开展小范围现场试验时，因其分层能力不满足大庆薄互层地质特点的需要没有投产应用。

三、简化横向测井装备

20 世纪 70 年代，大庆油田进入长垣评价勘探阶段。这一阶段对测井技术的需求是提供储层各项参数、准确评价油水层及计算地质储量。理论与实践结合发现，老横向测井系列存在以下几方面问题：（1）0.25m、0.45m 短梯度受井眼影响大，4.0m、8.0m 长梯度受邻层影响严重，确定地层真电阻率值时只有三分之一的层能得到准确的结果，三分之一的层能得到值但不准确（只能作参考），另有三分之一的层连值也得不到。（2）没有孔隙度测井资料，得不到孔隙度值。（3）没有自然伽马测井资料，得不到准确的岩性及泥质含量值。（4）底部梯度电阻率极大值在储层的底部，与其他测井曲线特征值在储层中部不匹配。所以，老横向测井系列不仅不能满足陆相薄互储层参数定量解释的需要，而且给测井资料计算机处理解释带来很大困难。为此，必须研究出一套简化的横向测井装备，来满足油田勘探开发的需求。

1. 地面测井设备 JD-581 多线全自动电测仪

JD-581 多线全自动电测仪是 1958 年由西安仪器厂自行设计制造的，其地面测井设备由仪器车和绞车两部分组成。地面测量系统由 10 个面板组成，自上而下各面板的名称及功能如下所述。

（1）深度指示面板，控制及显示测井深度。

（2）交流电控制面板，控制及显示供给交流电流及电压。

（3）辅助面板，可安装侧向测井、感应测井、声波测井及放射性测井等地面测量面板。

（4）交流电源面板，交流供电电源。

（5）示波仪记录面板，光点模拟信号的照相记录及显示。

（6）测量控制面板，共有 5 个测量道，控制每道测量的参数种类，调试仪器刻度、横向及深度比例。

（7）接线交换排面板，将井下电缆传输来的信号通过面板进入地面测量系统。

（8）直流电源控制面板，控制及显示电流及电压。

（9）换向器面板，将原始测量的正弦信号转换成方波脉冲信号。

（10）直流电源面板，直流供电电源。

其测量原理与单道的一样，但一次下井可同时测量 4 条不同电极距的视电阻率曲线和一条自然电位曲线，还可以配接各种井下仪器，如井径测井仪、井温测井仪、井斜测井仪、流体测井仪、放射性测井仪、感应测井仪、侧向测井仪、声波测井仪。与 AKC-51 型电测仪相比可大大提高测井时效及质量。

1965 年，JD-581 多线全自动电测仪在大庆油田开始使用。1973 年，在大庆油田全面推广应用。

2. 井下测井仪器

裸眼井测井系列：深浅三侧向测井、微电极测井、底部梯度测井（0.25m、0.45m、2.50m）、声速测井、自然电位测井、自然伽马测井、井径测井、井斜测井及流体测井共 13 条曲线。

这套简化横向测井系列在大庆油田应用 25 年之久，共测探井、调开井 2

万多口，在油田油气水层识别、勘探储量计算及开发方案制定方面起到关键作用。

3. 同期研制的新仪器

（1）人工电位测井仪。

1972年，成功研制人工电位测井仪，成为调整井水淹层测井解释的重要方法之一，在调整井中全面推广应用。

（2）三侧向测井仪。

1970年，成功研制深三侧向测井仪，只能给出一条深三侧向视电阻率测井曲线，在朝阳沟油田开展现场试验。1971年，成功研制薄层深浅三侧向测井仪，能进行单条测量，可分别给出深、浅三侧向视电阻率测井曲线，1973年起全面推广应用。其分层能力0.3m，对0.6m地层能用深浅三侧向幅度差定性判断油水层，能定量进行地层真电阻率及侵入带直径的解释。1986年，成功研制深浅并测三侧向测井仪，一次下井可同时获得深、浅三侧向两条曲线。

（3）声波测井。

1965年，大庆油田完井作业处测井中队与大庆油田开发研究院地球物理研究所成功研制声波幅度测井仪，1970年起全面推广应用，替代井温测井进行固井质量评价。1973年，使用西安仪器厂生产的CSL-71A型单发双收声波测井仪，进行声速测井。1978年，自行研制DCS-781型双发双收补偿声波测井仪，在大庆油田全面推广应用。1979年，成功研制耐温120℃中深井补偿声波测井仪，满足中深井探井测井的需要。

（4）锂玻璃闪烁体中子—中子测井仪。

1974年，大庆油田开发研究院地球物理研究所成功研制锂玻璃闪烁体中子—中子测井仪，使用4Ci的镅—铍中子源，以及锂玻璃晶体与光电倍增管配合组成闪烁探测器，不仅使用寿命长、耐腐蚀、耐高温、不潮解，而且仪器结构简单，使用维修方便。

（5）自然伽马测井仪。

1978年，成功研制自然伽马测井仪，在大庆油田全面推广应用。

（6）测井辅助设备及工艺改进。

1964年，大庆油田开发研究院地球物理研究所试制成功当时中国最大的一台测井专用电网模型，由9个机柜、486块电阻板、60400个电阻组成，全长12m，高2.2m。模型模拟井段128.8m，径向深度42m，电阻率范围0.5~10230倍钻井液电阻率，精度不超过3%。投产10多年来，开展了大量试验研究工作，为各大油田研究了三侧向、六侧向、七侧向和电位电极测井方法，并制作了解释图版。

第二节　油水层解释方法的建立及应用效果

20世纪50—70年代，亟须测井解释人员研究适用于大庆油田砂泥岩储层的解释方法，准确划分砂岩类型，识别油气水层。基于引进的苏联全套横向测井技术，成功研制了MK3图版解释理论与方法、四参数定量解释方法，使长垣外围东部宋芳屯、模范屯葡萄花油水层解释符合率达到80%。同时，测井资料解释技术实现了由定性到定量的飞跃。

1959年，松基三井喜获工业油流，大庆油田被发现。1960年初，石油工业部组织大庆石油会战，在构造油藏理论指导下逐步探明大庆长垣内喇嘛甸、萨尔图、杏树岗、葡萄花、高台子、太平屯、敖包塔7个油田，为大庆油田长期高产稳产奠定了基础。1973年，组建钻探指挥部，加强对外围油田勘探，在岩性油气藏理论和隐蔽油气藏理论指导下，在大庆长垣东西部逐步探明宋芳屯、模范屯、升平、朝阳沟、卫星、龙虎泡、杏西、葡西、新店、头台、敖古拉、高西等25个油田，二站、三站、四站、五站、阿拉新、白音诺勒等19个气田，探明石油地质储量超过$15×10^8$t，探明天然气储量超过$300×10^8m^3$。

一、MK3图版解释理论与方法

大庆油田测得的6条底部梯度电极组成老横向测井资料，借用苏联MK3图版进行解释。

根据测井电模型测量，研制出层厚h与井径d比值分别是2、3、4、5、6、8、12、16及围岩电阻率R_s与钻井液电阻率R_m比值分别为0.5、1、2、3、5、

7、10 等不同条件下，底部梯度电极距 AO 与井径 d 比值，以及测量地层视电阻率 R_a 与钻井液电阻率 R_m 比值图版，总计 56 张，这就是 MK3 图版，也称电探曲线图版。其中，h/d=16，R_s/R_m=2 的 MK3 图版如图 1-2-1 所示。从图可见，曲线模数表示地层真电阻率 R_t 与钻井液电阻率 R_m 比值。假设测得储层 0.25m、0.45m、1.00m、2.50m、4.00m、8.00m 等 6 条不同探测深度底部梯度电极系视电阻率值 R_a 分别为 20.0Ω·m、42.5Ω·m、82.5Ω·m、160.0Ω·m、25.0Ω·m、15.0Ω·m，钻井液电阻率 R_m=2.5Ω·m。首先利用三条短梯度曲线得到三组 AO/d、R_a/R_m 数据分别为：

0.25/0.2=1.25，20/2.5=8

0.45/0.2=2.25，42.5/2.5=17

1.0/0.2=5，82.5/2.5=33

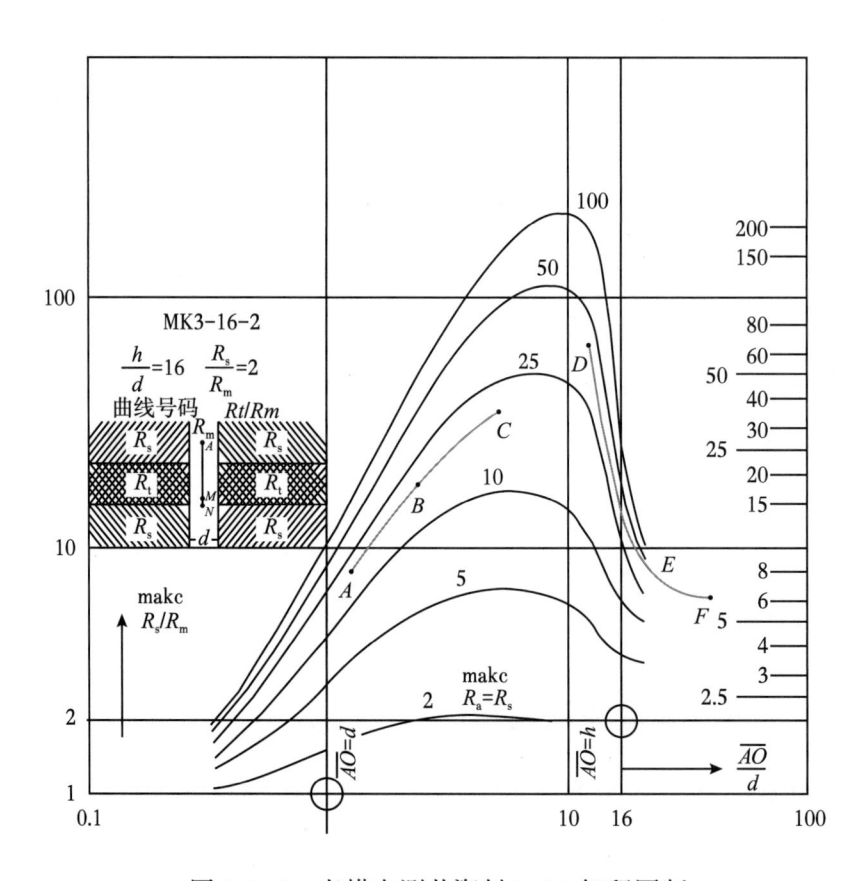

图 1-2-1 老横向测井资料 MK3 解释图版

h：层厚，m；d：井径，cm；R_t：地层真电阻率，Ω·m；R_a：地层视电阻率，Ω·m；
R_m：钻井液电阻率，Ω·m；R_s：围岩电阻率，Ω·m；$\overline{AO}$：底部梯度电极距，m

在图版上相应确定出对应三组数据的 A、B、C 三个点位置，由于它处于 R_t/R_m 为 10~25，所以先按相邻两条线左支变化趋势，将三点连成绿线，最后根据它与相邻两条线距离，内插出冲洗带电阻率与钻井液电阻率比值 $R_{xo}/R_m=20$，乘以钻井液电阻率，则冲洗带电阻率 $R_{xo}=50\Omega\cdot m$。同理可用三条长梯度曲线在图版上得到 D、E、F 三个点的位置，根据右支相邻曲线变化趋势连成红线，内插出地层真电阻率与钻井液电阻率比值为 $R_t/R_m=40$，则地层真电阻率 R_t 等于 $100\Omega\cdot m$。由于大庆长垣内部钻井液滤液电阻率始终比地层水高，所以可遵循油层低侵 $R_t>R_{xo}$，水层高侵 $R_{xo}>R_t$ 的原则进行油水层识别，最终解释为油层。

经大量测井与试油资料统计分析研究发现，对大庆长垣内部萨尔图油田萨尔图油层和葡萄花油层而言，由于它们为典型的构造油藏，所以凡是油底以上，2.5m 长梯度曲线视电阻率大于 $25\Omega\cdot m$ 的中高孔渗储层，均可解释为纯油层。

二、四参数定量解释方法（低—特低孔渗砂泥岩储层）

在探井测井解释方面，研究应用了"四参数解释方法"（即孔隙度、渗透率、泥质含量、含水饱和度），使测井资料解释由定性判断发展为定量解释，对每口井的储层，除提供必要的测井数值外，还给出这四个与储层物性及含油性有关的参数。由阿尔奇公式可知，对每个储层只要知道其真电阻率 R_t、泥质含量 V_{sh}、孔隙度 ϕ、地层水矿化度 C_w 四个定量参数，就可计算出含水饱和度值以评价油水层。

1. 用自然电位下降系数求泥质含量

$$\alpha = PSP/SSP \tag{1-2-1}$$

式中　α——自然电位下降系数；

　　　PSP——假自然电位，mV；

　　　SSP——纯砂岩自然电位，mV。

由理论分析可知，实测每个层的自然电位幅度的大小受围岩、侵入、层厚、侵入带电阻率、钻井液滤液电阻率、地层水矿化度及泥质含量等多种因素的影响。赛基斯曼自然电位校正图版是分不同围岩[R_s/R_m 侵入（D/d）]条件下制作的，横坐标为侵入带与钻井液电阻率比值（R_{xo}/R_m），纵坐标为自然电位校正系数，曲线模数为层厚与井径比值 h/d。实测自然电位幅度值 SP，经赛基斯曼图版校正后，可得到与围岩、侵入、层厚、侵入带电阻率无关的假自然电位值 PSP，再除以本水系纯砂岩自然电位值 SSP，消除钻井液滤液及地层水电阻率影响，最终得到的自然电位下降系数只与储层泥质含量相关。

通过对比，最终优选如下方法确定 SSP 值效果最好。从钻井液与钻井液滤液电阻率关系图版可知，只要知道钻井液电阻率及钻井液密度，可以求得钻井液滤液电阻率。根据试水资料平均值，可以得到该水系地层水电阻率，进而可得到钻井液滤液与地层水电阻率比值 R_{mf}/R_w。只要知道 R_{mf}/R_w 及地层温度梯度，就可以得到泥质含量。

2. 用声波时差求孔隙度

在用声波时差确定孔隙度前必须进行系统校正、压实校正及泥质校正。

（1）系统校正。

由于现场使用的国产声速测井仪稳定性较差，有的井声波时差偏高（50~60μs/m），有的井偏低（40~50μs/m），无法进行定量解释，为此，选取声波测井质量较好的井做出目的层声波时差与井深关系曲线图。将其定出的平均线作为该地区的标准线，然后对每口所测新井，用同样方法做出目的层声波时差与深度关系曲线，与标准线对比是否有偏离。若有偏离，给每个层系统加上或减去一个时差值，将其校正到标准线上。

（2）压实校正。

随着地层深度加深、压实作用增大可引起储层孔隙度减小，为了求准孔隙度参数，必须进行压实校正。

从三肇地区孔隙度随深度变化关系曲线可知，深度每增加 100m，孔隙度约减小 1%，相当于声波时差减小 4.4μs/m，可以得知该地区声波时差压实校正系数为每 100m 变化 4.4μs/m。

为统一标准，减小误差，该地区目的层埋藏深度为 800~1800m，须将不同深度时的声波时差统一校正到 1200m 深度时的时差值。

（3）泥质校正。

由经系统校正及压实校正后的声波时差与岩心分析孔隙度关系图可见，数据点很分散，经分析认为主要是泥质含量的影响。将样品点按泥质含量划分为 0~5%，5%~10%、10%~15%，15%~20% 及大于 20% 五个等级，首先通过骨架时差为 187μs/m 这一点作泥质含量 0~5% 所有点的平均线，然后做出其他 4 条不同泥质含量平行线，将每条线与泥质含量 0~5% 这条线的水平距离称为声波时差泥质增值，可得出泥质含量与声波时差泥质增值关系。从而根据每个层泥质含量，可以得到声波时差泥质增值，将声波时差减去时差增值，实现泥质校正。

3. 用自然电位求地层水矿化度

扩散吸附电位基本公式为：$SSP=-K\lg(R_{mf}/R_w)$。

首先根据不同地区、不同层位岩样扩散—吸附实验得到扩散—吸附系数 K（也可选好水层用试水资料求），然后根据本水层自然电位负幅度，经赛基斯曼图版校正后得到 PSP，除以 0.85 得到纯砂岩自然电位值 SSP，由钻井液电阻率可得到钻井液滤液电阻率，利用上述公式，可以得到地层水电阻率 R_w。最后用 $NaHCO_3$ 溶液电阻率与矿化度关系图版及相应温度，得到地层水矿化度 C_w。

4. 用三侧向求地层真电阻率

三侧向求地层真电阻率包括深三侧向求取地层真电阻率和深浅三侧向求取地层真电阻率两种方法。

（1）深三侧向求地层真电阻率。

用深三侧向求地层真电阻率时，先对深浅三侧向曲线进行分层、取值，得到层厚 h 及视电阻率 R_{113d}、R_{113s}。根据深浅三侧向幅度差选图版，若为正差异选低侵解释图版，若为负差异选高侵解释图版。图版是在一定 R_t/R_{xo}、D/d、R_s/R_m、d 情况下制作的，曲线模数为 h/d。只要知道 R_{113d}/R_m 及 h/d，就可以求得 R_t/R_m，将其乘以 R_m，得到地层真电阻率 R_t。

（2）深浅三侧向求地层真电阻率。

①单一层解释。

井径校正。电模型制作的深浅三侧向井径校正图版，横坐标为深浅三侧向与钻井液电阻率比值 R_{113d}/R_m、R_{113s}/R_m，纵坐标为井径校正系数，曲线模数为 h/d。

根据本井实际井眼尺寸，选用相应图版，由 R_{113d}/R_m 及 h/d、R_{113s}/R_m 及 h/d 值，确定井径校正系数 R_{113d}/R_{113dc}、R_{113s}/R_{113sc}，用 R_{113d}、R_{113s} 除以井径校正系数，可以将其校正到 $7\frac{3}{4}$in 井径时的 R_{113dc}、R_{113sc} 值。

侵入校正。在井径为 $7\frac{3}{4}$in 条件下，用电模型制作仪器直径为 0.878m，$R_s/R_m=1$ 低侵与高侵侵入校正图版。低侵校正图版为 h/d=3、4、5、6、7、8、9、10、12、14、16、18、20、22、25、30 共 16 张，高侵校正图版为 h/d=4、5、6、8、10、30 共 6 张。当解释层厚界于两张图版之间时，选用最接近的厚度图版进行解释。电模型测试资料表明，目前图版精度能保证因 h/d 确定不准引起的地层真电阻率 R_t 解释平均相对误差小于 5%。

②厚层非均质小层解释。

大庆属陆相沉积油田，厚层非均质严重，在厚层内的非均质小层，也因上下围岩的非均质性不易确定，给解释带来很大困难，为此研究出图版厚度降级法及正交设计法解决这一难题。

5. 用含水饱和度判断油水层

根据三侧向测井求取的真电阻率 R_t，结合孔隙度 ϕ，地层水矿化度 C_w 及实验室测定的 a、b、m、n 值，可用阿尔奇公式求取含水饱和度值 S_w。经与试油资料反复研究，根据外围东部葡萄花油层地质特点，确定油水层判别标准为 $S_w \leqslant 50\%$ 为油层，S_w=50%~70% 为油水同层，$S_w > 70\%$ 为油水水层。经 18 口井 92 个层试油资料对比，油水层解释符合率达 80% 以上，比用底部梯度及 0.5m 电位等老横向方法提高了 10% 以上。

三、油水层解释方法在发现井、关键井中的应用效果

MK3 图版、四参数定量解释及逐次逐步判别分析等解释方法，在大庆油田发现井——松基三井及"三点定乾坤"的喇 72 井、萨 66 井、杏 66 井中准确解释油层，在大庆油田的发现、探明及油田各级储量的计算和复算中发挥了重要作用。

1. 松基三井——大庆第一口发现井中应用

松基三井是大庆油田第一口勘探发现井，它是通过第三条区域大剖面的一

口基准井，位于大同镇高台子油田高点西翼，钻探目的是为了了解该区各油层组含油情况，并结合区域地球物理资料展望区域含油远景。

松基三井由石油工业部部长余秋里与地质部第一副部长何长工负责组织部署，由队长包世忠带领的32118钻井队承担钻井任务，1959年4月11日开钻，7月20日钻达井深1461.76m见到好的油气显示，时任石油工业部副部长康世恩决定"为争取时间，尽早发现油田，提前完钻"，1959年7月22日完钻，1959年8月29日完井。

由赖维民任队长的测井一队应用国产57-1测井仪对松基三井进行测井，操作员郭华承担松基三井测井资料采集任务。从松基三井开钻至完井，分井段共测井8次，测井项目包含横向测井系列（全套共九条曲线）、井径、井温、井斜、井内流体及井壁取心等。

松基三井主要勘探目的层为葡萄花油层组及高台子油层组。根据测井资料电阻率高、自然电位负异常幅度大、低侵（冲洗带电阻率小于原状地层电阻率）的油层特征，应用苏联MK3图版解释理论与方法，结合气测及井壁取心资料，共解释14个油层。其中，葡萄花油层组11层，厚度18.1m，高台子油层组3层，厚度1.7m。

1959年9月26日，完井作业结束后立即进行原钻机试油，高台子油层组测井解释2号层、3号层、4号层共3个油层，提捞试油，8mm油嘴喷出日产12.5t工业油流。当时欢呼雀跃场面如图1-2-2所示。后来在葡萄花油层组测井解释9~14号层6个油层试油，4.2mm油嘴，日产原油36.5t。测井解释15~18号层4个油层试油，10.0mm油嘴，日产原油22.5t。松基三井是松辽盆地获得具有工业价值的第一口井，对大庆油田的发现及探明起到关键作用，从此中国石油工业历史掀开了新的一页。

2."三点定乾坤"为尽快拿下大庆油田作贡献

高台子油田松基三井出油后，1960年初又在南部的葡萄花、太平屯构造上打的探井中相继出了油，经党中央批准开展大庆石油会战。会战领导小组决定挥师北上，甩开勘探，尽快拿下大油田，在北部萨尔图、杏树岗、喇嘛甸三个主要构造高点上，相继部署萨66井、杏66井、喇72井三口预探井。三口井

图 1-2-2　1959 年 9 月 26 日松基三井试油自喷现场

中测井分别解释了 17 个、29 个、58 个油层，厚度分别为 29m、63.4m、90.1m，相继喷出工业油流。根据测井和录井资料对比，表明大庆长垣构造由南向北整体含油，纯油层、油层组加厚。

1960 年 3 月萨 66 井完钻，在萨尔图、高台子油层组测井解释 1 个油页岩，37 个油层，厚度 56.9m，3 月 8 日对 38 个层合试，6.5mm 油嘴日产油 57.6t，日产气 2530m^3。1960 年 3 月杏 66 井完钻，葡萄花油层组测井解释 3 个油层，厚度 10.6m，4 月 8 日对 3 个层合试，9mm 油嘴日产油 90.36t。1960 年 3 月喇 72 井完钻，萨尔图、高台子油层组测井解释 1 个干层，8 个油层，厚度 18.8m，4 月 25 日对 9 个层合试，8mm 油嘴日产油 92t。三口井试油均获高产工业油流，证明大庆长垣从南到北七个构造带均含油，长垣北部较南部油层更厚，产量更高，从而拿下整个大庆油田。三口工业油流井的发现，被誉为"三点定乾坤"，对选准、选好石油大会战主攻方向和主战场，加速开发大庆油田意义重大，在中国石油史上写下了浓墨重彩的一笔，期间测井解释结论起到了关键作用。

第二章　数字测井，迈向数字化新时代（1976—1986年）

为了适应测井资料计算机处理解释工作的需要，必须发展数字测井装备将测井信号由模拟记录转换成数字记录。

第一节　数字测井装备的引进与研制

一、德莱赛—阿特拉斯公司3600测井装备

1979年，为适应大庆长垣东南部首钻深探井的需要，经石油工业部同意将胜利油田引进的一套3600测井装备调拨给大庆。

地面测井设备：德莱赛3600地面测井设备。

井下测井仪器：双侧向—邻近侧向、双感应—八侧向、补偿声波、补偿中子、地层密度、自然伽马、地层倾角、自然电位、井径。

1992年，购进了西安仪器厂引进3600生产线制造的83系列井下仪器及地面测量面板，与JD-581地面测量设备配合使用。购进的井下仪器有双感应—八侧向、双侧向—微球聚焦、补偿声波、补偿中子、补偿密度、自然伽马等。83系列测井仪质量稳定，可靠性好，为测井采集作出了贡献。

二、DLS型数字测井装备

1993年，成功研制DLS型数字测井装备。

1. 地面测井设备

DLS-Ⅰ地面测井设备，将地面测量仪器车与电缆绞车组合成一个车。

主计算机发出命令通过通信模块送到采集模块，控制井下仪器进行刻度和资料采集。井下仪器记录的模拟信号由电缆传输到地面，通过各采集模块进入地面测量系统，经脉冲编码或A/D转换变成数字信号，输入到主计算机，利用软件进行刻度和处理，最终得到各种测井曲线，显示在热敏打印纸及软盘上。

该地面系统率先使用鼠标操作界面及基于Windows系统开发的曲线编辑后期处理软件，这两方面在当时国内数字测井装备中较为领先。

2. 井下测井仪器

根据功能不同，井下测井仪分为DLS-Ⅰ、DLS-Ⅱ和DLS-Ⅲ三种类型。

DLS-Ⅰ型下接薄层测井系列在调整井中使用。井下仪器包括高分辨率三侧向、微球聚焦、微电极，0.25m、0.45m、2.50m底部梯度，高分辨率声波、补偿密度、自然电位、自然伽马、井径、井斜、流体。

DLS-Ⅱ型下接石油工业部要求测的九条曲线在探评井、开发井中使用。井下仪器有双侧向—微球聚焦、补偿中子、补偿密度、补偿声波、自然伽马、自然电位、井径。

DLS-Ⅲ型下接套管井测井系列在套管井中使用。井下仪器有声幅、自然伽马、磁性定位、碳氧比能谱、氧活化等。

到1998年底，DLS型数字测井装备配套全部52个国产测井小队，完成测井装备由模拟记录发展到数字记录第一次升级换代。

三、同期研制的新仪器

（1）补偿中子测井仪。1984年，补偿中子测井仪研制成功，1986年，耐温120℃的中深井补偿中子测井仪研制成功，在大庆油田全面推广应用。

（2）环自然电位、环自然电流测井仪。1984年，环自然电位、环自然电流测井仪研制成功，成为薄层水淹层测井解释的主要方法之一，在调整井中全面推广应用。

（3）DQ-2型测井马笼头。1985年，DQ-2型测井马笼头研制成功，1987

年起全面推广应用,替代原电缆与井下仪器人工用胶管、黄油加包布的接卸旧工艺。配合马笼头还推广了"天地滑轮"施工方法,大大改善了劳动条件,提高了测井一次成功率。目前已完成各种测井项目两万多井次。

(4)微球聚焦测井仪。1986年,微球聚焦测井仪研制成功,在大庆油田全面推广应用。

(5)DJS-130型计算机。20世纪70年代,大庆油田勘探开发研究院购进国产DJS-130型计算机。1975年,成功研制我国第一台测井数字磁带机。当时用穿孔的黑色纸带作为输入设备,手拿微型穿孔器在2cm宽的黑色纸带上穿孔,每一排最多穿5个孔,自下而上分别表示20、21、22、定位、23。每一排都有定位孔,由齿轮带动纸带旋转起定位作用,其余孔可根据需要组成1~15不同的数,16就进位。通过灯光照射黑色纸带将测井资料及处理软件转换成数字信号输入到磁带上,经过计算机处理,将结果由打印机、绘图仪输出,成为当时测井解释及科研生产的主要设备。由于其内存及速率有限,且没有推出配套的测井专用处理软件,所以测井资料处理工作没能大量展开。

第二节　水淹层测井解释方法

大庆油田开发先后经历了开发初期、中含水及高含水三个阶段,每个阶段都对水淹层测井技术提出了很高的要求,为此大庆石油管理局测井公司(简称大庆测井公司)紧密结合油田开发地质难题,针对不同时期的油层水淹状况,不间断地研究适应地层条件变化的新的测井技术,水淹层测井技术研究开发取得了四次明显的进步,较好地适应了各时期累计几万口调整井的水淹层解释的需要。

20世纪70年代末至90年代,大庆油田开发初期一次加密调整阶段,该阶段的主要任务是解决厚油层水淹严重的问题,堵水增油,加密调整上产量,需要测井解释人员准确判断高水淹产层。而当时面临的难点是测井项目单一,没有水淹层解释方法。通过完善水淹层测井系列,研究了3套水淹层解释方法,分别是"自然电位基线偏移法""储层参数定量解释法"和"自然电流和环自然电位测井技术"。水淹层测井技术实现了从无到有的质的飞跃。通过定性和定量解释方法相结合，使厚层水淹层解释符合率达80%以上，薄层达70%以上，为油田年产油量上 5000×10⁴t 作出了突出贡献。

1974年萨尔图油田第一批加密井试验区投产，投产后部分井段含水高，含水上升快，射开层水淹严重。如何准确划分高水淹产层，明确水淹级别，降低产水率，成为摆在测井解释人员面前必须攻克的难题。1979年，大庆测井公司成立水淹层攻关小组，先后形成了三套水淹层解释方法。

一、自然电位基线偏移法

1979年，常明澈、任贵荣等研制了第一套定性水淹层解释方法，针对20世纪70年代末水淹层解释空白的现状，深入研究不同水淹状况下自然电位形成机理及变化规律，总结出一套以自然电位基线偏移理论为基础的储层水淹级别划分的定性水淹层解释方法，解决了油田生产急需。

二、储层参数定量解释法

储层参数定量解释法是1981年由大庆测井公司常明澈、任贵荣、赵继志等研制的第二套水淹层解释方法，该方法以密闭取心井的岩心分析资料为依据，认真研究油层水淹后各种物性特征及测井资料变化规律，利用多元逐步回归分析方法建立测井参数与储层物性参数相应关系，利用逐步判别分析方法进行油层水淹等级划分，能提供储层孔隙度、泥质含量、渗透率、地层压力、目前含水饱和度、束缚水饱和度、水淹等级等7项参数，不仅实现了定量解释，创新形成了基于水饱和度的逐步判别分析方法来划分水淹等级，厚油层水淹层解释符合率达到80%以上。

三、自然电流和环自然电位测井技术

1983年，大庆测井公司刘宝生、王宗群等针对薄、差油层水淹层解释研究完成了第三套水淹层测井解释方法，除了利用多元回归方法求取薄差层物性参数外，提出一套利用自然电流与环自然电位两类曲线重叠法判断水淹层的新方法。以上方法在大庆油田一次加密调整井中全面推广应用，为调整井射孔层段确定、油水层小层动态分析、油田调整方案的编制提供了重要依据。1984年起在油田中全面推广应用，全面推广应用后，投产水淹层解释符合率约75%，含水率控制在方案指标之内，取得明显地质效果。该成果获1986年石油工业部科学技术进步奖一等奖和1988年大庆市科技成果奖一等奖。

第三章　数控测井，踏上市场化竞争路（1987—1996年）

1987年10月，大庆测井公司引进斯伦贝谢三套CSU数控测井系列，由于斯伦贝谢公司垄断相应的处理软件，工程师陈永吉、王德福等人将原85机上3600系列处理软件移植到P-E3220机上，并对单孔隙度处理软件POR进行改进，用改进后的DQPOR软件处理CSU测井资料，使井眼不规则井段处理质量有较大提高。大庆探井测井资料从此进入计算机处理解释阶段。

随着1987年3套CSU测井装备引进及1989年1套CSU测井装备从生产测井研究所调入，从1991年起，外围中浅层探井全部进行数控测井。由于当时斯伦贝谢公司只卖装备不卖软件，通过大量资料对比分析最终选用引进德莱赛—阿特拉斯公司3700软件包中Class、Clays程序处理砂泥岩剖面，CRA程序处理含钙储层剖面。由于外围中浅层储层的复杂性，引进软件存在很多不适应性，为此开展高泥高钙复杂砂泥岩储层解释方法研究，并配套形成"西部含钙薄互层""低阻油层""高阻水层""特低孔渗储层""西部F油层、西部Y油层""三水饱和度解释模型"等方法。这些方法全面投产应用，使得外围中浅层探井解释成功率从1992年至今始终在90%左右，探井解释符合率始终在85%左右。为大庆油田每年在外围中浅层提交上亿吨石油地质储量作出了重要贡献。

第一节　国外引进数控测井设备

一、斯伦贝谢CSU数控测井设备

1. CSU数控测井装备的服务

20世纪70年代末，大庆油田成立钻探指挥部加强对外围中浅层勘探。外围中浅层属于高含泥、高含钙的低—特低孔渗砂泥岩储层，不仅孔渗低、层薄且低阻油层、高阻水层发育，要求测井资料精度高、方法全，国产简化横向测井装备满足不了需求。为探索国外最新技术解决大庆外围中浅层复杂砂泥岩储层解释难题的可能性，根据中技公司与斯伦贝谢海外服务部签订合同，斯伦贝谢公司一个CSU测井队于1984年12月6日起到大庆开展测井服务。

斯伦贝谢公司CSU数控测井装备有CSU地面测井车一台，井下测井仪器有双侧向—微球聚焦（DLT-MSFL）、双感应—球形聚焦（DIT-SFT）、浅电磁波传播（EPT）、深电磁波传播（DPT）、补偿声波—水泥胶结（BHC-CBL）、长源距声波（SLS）、补偿中子（CNT）、岩性密度（LDT）、自然伽马（GR）、自然伽马能谱（NGT）、地层倾角（SHDT）、重复式地层测试（RFT）和水泥评价（CET）。测井服务到1996年10月25日正式结束，共测井51口。大量实际资料表明，斯伦贝谢CSU数控测井资料准确可靠、测井系列完善、处理软件先进，在外围中浅层中应用不仅使探井解释符合率达80%以上，比国产测井资料提高5~7个百分点，而且自然伽马能谱、重复式地层测试及地层倾角等测井新方法，为储层泥质含量及黏土矿物成分准确求取，沉积相带、沉积模式及物源精细解释，疑难层地层压力及流体性质有效判断提供重要依据，为斯伦贝谢CSU数控测井装备引进打下扎实基础。

2. CSU数控测井装备的引进

1987年，从斯伦贝谢公司引进3套CSU测井装备。后来根据勘探工作的需要，又从大庆生产测井研究所调拨了一套，一共4套CSU数控测井装备。

地面测井设备为CSU-D地面设备。CSU地面设备是由小型计算机和外围设备组成的人机联作的测井地面记录仪器，即数控测井系统。在主机控制下，井下仪器通过A/D转换器，将井下仪器记录的模拟信号转换成数字信号，再通过脉冲编码器使数字信号由电缆传输到地面，从而使传输信号精度及质量大大提高。最终用主机进行记录，经刻度及处理后输出全部测井资料。该系统是人机联作的计算机程序控制测井系统，数传速率为100KBPS，配有双主机系统，可一台进行测井，另一台可同时进行资料处理或备用，可在井场进行多种测井资料快速直观处理，可在井场进行快速直观处理，得到初步解释结果，记录介质为透明胶片和磁带，同期与 CSU 相似的还有阿特拉斯公司 3700 数控测井系统，数传速率 9KBPS。

CSU 系列井下测井仪器。裸眼井测井仪器有双侧向—微球聚焦、双感应—球形聚焦、补偿声波、长源距声波、补偿中子、岩性密度、自然伽马、自然伽马能谱、高分辨率地层倾角、重复式地层测试器、井眼几何形状、旋转式井壁取心器、井温、流体。套管井测井仪器有声波变密度、自然伽马、磁性定位器、补偿中子（气层）。

CSU 数控测井系列与简化横向测井相比：常规仪器（双侧向、补偿声波等）测量精度、适用范围和测井时效均有极大提高。新增的长源距声波、高分辨率地层倾角等项目，拓展了测井资料地质和工程应用范围。

二、阿特拉斯公司 3700 数控测井装备

1989 年引进了一套阿特拉斯公司 3700 数控测井装备。

地面测井设备为 3700 地面测井设备。

井下测井仪器：双侧向—微侧向、双感应—球形聚焦、补偿中子、补偿声波、补偿密度、地层倾角、重复式地层测试器、井周声波、自然伽马、自然电位。

1993 年，大庆油田陆续淘汰了沿用 30 多年的电测仪器，使油田测井装备达到了一个新水平，实现了口口探井测数控测井的目标。

三、测井资料处理硬件装备

P-E3220 测井资料处理系统。为适应测井资料计算机处理及勘探工作深入开展的需要，进一步提高测井资料解释质量及时效，1982 年 7 月，大庆油田从美国引进 P-E3220 测井资料处理系统。该系统主机为 P-E3220 计算机，配有 4 台 1/2in 磁带机作为输入，80MB、300MB 硬盘机各一台作为外存，V80、V7220 窄宽绘图仪各一台作为输出，5 台字符终端供用户使用。1987 年，以散件引进组装一台 P-E3230 计算机作为扩容，为大庆探井测井资料全部实现引进 CSU 测井及计算机处理解释作出了突出贡献。

大庆测井公司引进数控测井CSU系列之后，陆续引进了PE-3220、PE-3230计算机系统和Class、Clays、CRA处理程序。用于砂泥岩剖面处理解释，同时具备了地层倾角、长源距声波和重复式地层测试器（RFT）测井资料数字处理和综合解释能力。

测井资料数字化设备。要实现计算机自动处理解释，必须将以前模拟记录的测井原始资料转换成数字记录。1982年，随P-E3220计算机引进三台数字化平板桌，它是通过操作员拿着数字化笔在平板桌上描测井曲线方式将模拟信号实现数字化的。由于微电极测井曲线幅度变化大，用人工手描误差大，1987年，从美国EI公司引进一套数字化照相扫描系统。该扫描系统包括三部分：第一部分为照相输入系统，用高精度照相机扫描测井曲线；第二部分为VAX-Ⅱ计算机，对扫描图像进行处理实现数字化；第三部分为图形编辑工作站，对数字化测井图进行编辑绘制，提高了测井资料数字化的质量和速度，确保了几千口老探井资料都能用计算机处理。

数字处理和综合解释技术的进步，使测井资料处理速度、精度有了飞速发展，为测井资料的数字化处理奠定了基础。

第二节　国内数控测井设备

斯伦贝谢CSU数控测井装备使用十几年后相继老化，有的配件已不生产了，且斯伦贝谢公司垄断新装备，在此期间，国内北京环鼎公司、中国石油集团测井有限公司（简称中国测井公司）等测井装备飞速发展。为保证探井口口井测数控测井及满足国内外测井市场不断扩大的需要，从国内购进相应数控测井装备。

一、北京环鼎公司数控测井装备

1998年开始逐步购进北京环鼎公司生产的521数控测井装备的井下测井仪器，包括脉冲编码遥测仪、双侧向—微球聚焦、双感应—微球聚焦、补偿中子、补偿密度、自然伽马等总计176支仪器。声波测井仪用的是自主研制的高分辨率声波，与 DLS 地面设备配套使用，提高了测井时效及质量，2001 年起成为大庆油田开发井测井的主要装备。

2005—2010 年，相继购进北京环鼎公司生产的 HH-2530 快速数控测井平台装备 7 套，可挂接 530 系列常规测井仪，井下仪器有双侧向—微球聚焦、高分辨率声波、补偿中子、岩性密度、自然伽马、自然伽马能谱、连续测斜、套管接箍等仪器共 249 支。另外还可配接哈里伯顿公司 EXCELL-2000 的 P 型核磁、微电阻率成像及井周声波成像等仪器。可进行声波变密度测井及射孔作业等，先后承担国内冀东、国外蒙古塔木察格及伊拉克绿洲等项目的市场测井作业任务。

二、中国电子集团新乡 22 所 SKG-3000 数控测井装备

2002 年起共引进 5 套 SKG-3000 数控测井装备，可挂接所有 521 装备的井下仪器。购进当年就投产使用，其中 2003 年购进一套承担国外印度尼西亚项目的市场作业任务。

三、中油测井公司 EIlog-5 数控测井装备

2007 年起购进 3 套中油测井公司推广的 EIlog-5 数控快速测井平台，数传速率 100KB/s。井下测井仪器有高分辨率双侧向、双感应—八侧向、阵列感应、微球聚焦、微电极、（0.5m、2.5m、4.0m）电极、补偿声波、高分辨率声波、补偿中子、补偿（岩性）密度、自然电位、自然伽马、井径、井斜方位、三参数及声波变密度等。主要承担吉林探区对比及中途完井的测井任务。

第三节　自主研发测井装备及软件系统

一、慧眼-1000 数控测井装备

2003 年，大庆测井公司成功研制慧眼-1000 数控测井装备。

（1）地面测井设备。慧眼-1000 地面测井设备其地面测量车与电缆绞车组

合在一台北方奔驰车上。地面测量系统由14个部分组成，用来完成测井数据的采集和管理工作。系统配有两台P4工控机，在主机控制下通过A/D转换在井下将模拟信号转换成数字信号，用PCM脉冲编码器将数字信号由电缆传输到地面前置信号采集器，通过标准接口与各相应信号处理卡进行数据交换，打包以后传给主机。主机对原始信号经刻度及处理以后将其变成最终测井资料，在热敏打印纸及U盘上储存下来。该系统可实现双机同时进行测井资料采集或处理，提高测井时效。测井采集软件采用Windows操作系统下的图形操作界面，使用方便。该系统主要特点：①采用高速单片机及大规模集成电路等先进的元器件，通过模块化设计理念实现部分硬件工作软件化，提高系统稳定性。②采样密度高达100点/m，可满足大庆薄层测井系列的需要。

（2）井下测井仪器。慧眼-1000数控测井装备能配接除成像测井以外的所有国产及引进的井下测井仪器，完成裸眼井、生产井、套管井测井及射孔取心作业。至2012年底，慧眼-1000数控测井装备配套了全部52个测井小队，累计测井20000余口，完成测井装备由数字测井发展到数控测井第二次升级换代。

二、高分辨率薄层测井系列

1993年，大庆测井公司成功研制高分辨率薄层测井系列。井下仪器包括高分辨率三侧向、微球、微电极（0.25m、0.45m、2.50m）底部梯度电极系、高分辨率声波、补偿密度、自然电位、自然伽马、井径、流体。这套测井系列分层能力为0.3m，对0.5m以上的薄层定量解释精度能满足勘探及开发地质的需要。

（1）高分辨率声波测井仪。1990年，成功研制高分辨率声波测井仪。该仪器由一个发射探头和4个一组间距为0.16m接收探头组成。一次下井可获得高分辨率声波及常规声波两条曲线。通过大量岩性资料分析可知，能识别厚度大于0.1m的薄砂层，扣除储层中0.2~0.5m薄钙质层和泥质层，对大于0.2m的储层计算的孔隙度与岩心对比，平均相对误差小于5%。

（2）高分辨率三侧向测井仪。1993年，成功研制高分辨率三侧向测井仪。该仪器采用减小主电极长度来提高曲线分辨率，一次下井可获得深、浅两条电阻率曲线。分层能力0.3m，能准确扣除厚储层中的薄钙质层和泥质层，对

0.5m 以上的薄储层能进行定量解释，为探井油水层解释及调整井水淹层解释提供了重要依据。

三、工作站版水淹层测井资料处理解释系统

20世纪90年代数字测井技术迅速发展，工作站强大的计算能力、优异的图形显示、灵活的网络优势，必将主导"八五"期间测井解释系统的发展。中国石油天然气总公司"八五"期间开展了"测井解释工作站系统"攻关，大庆测井公司参加了水淹层方法研究和软件开发工作，进而开启了测井解释软件系统的开发研制之路。水淹层测井资料处理解释平台立项推广至今30余年，先后自主研发了三个水淹层处理解释平台版本（工作站版、微机版 GeoSpace、CIFLog-GeoSpace），具有独立知识产权，是大庆油田水淹层处理解释的主力软件。

1997年，以厚层非均质及薄差砂泥岩的两套解释方法为基础，完成了"水淹层单井处理解释软件系统"——工作站版水淹层测井资料处理解释系统，采用 Sun 工作站和 Unix 操作系统，用 C 语言和 Fortran 语言编程。该系统具备了预处理、自动分层取值、砂岩有效厚度自动划分、水淹层资料处理、人机交互解释等功能，在第一采油厂至第七采油厂和勘探开发研究院共安装32套软件，解决了各采油厂技术人员培训及应用中的技术问题，取得了明显地质效果，受到了大庆油田公司的重奖。1991—2000年，"八五"期间主要负责中国石油天然气总公司攻关项目"测井解释工作站系统"的水淹层方法研究和软件开发工作。"九五"期间将新研制的工作站版水淹层解释系统融合到测井解释工作站系统里。工作站版水淹层解释系统的研制，实现了水淹层解释由手工解释到计算机自动解释的飞跃，大大提高了工作效率，为油田稳产作出了贡献。1999年该成果获中国石油天然气集团公司科学技术进步奖一等奖，2000年获国家科学技术进步奖二等奖。

四、伴随粒子碳氧比能谱测井仪

2000年，成功研制伴随粒子碳氧比能谱测井仪，该仪器中子发生器在进

行氘氚反应时除产生快中子外,在快中子反方向同时放出伴随 α 粒子。只要对 α 粒子探测器的角度、结构及记录时间延迟进行合理地设计,就可以把井眼、套管及水泥环的影响消除,大大提高对地层的探测精度,使定量解释的层厚由 0.8m 减少到 0.4m,在模型井中对 35% 孔隙度砂岩地层确定含油饱和度,其平均绝对误差由 9% 下降到 6%。

五、自然伽马能谱测井仪

1994 年,自然伽马能谱测井仪研制成功并全面投产应用。

六、脉冲中子测井仪

1995 年,脉冲中子测井仪研制成功。该方法受泥质影响比较小,可提高储层孔隙度解释精度。

第四节　测井解释方法

松辽盆地北部中浅层作为大庆油田历年提交油气三级储量的主要勘探目标区,为大庆油田高产稳产作出了贡献。松辽盆地北部中浅层因受多物源沉积、基底构造沉降快速、气候变化剧烈、湖平面波动频繁及湖岸线进退交叠等因素影响,导致多套砂泥岩储层在纵向上交互沉积,按其生储盖组合特征可划分为上、中、下三套含油气组合关系。上部含油气组合,以嫩江组一段、嫩江组二段为生油岩,黑帝庙油层为储层,嫩江组四段、嫩江组五段泥岩为盖层,具有下生上储特征,属被断层复杂化的次生构造—岩性油气藏。黑帝庙油层测井解释主要难题是低阻油气层识别,油气水层解释及产能评价。中部含油气组合,以青山口组一段及嫩江组一段和嫩江组二段泥岩为生油岩,萨尔图、葡萄花、高台子油气层组为储层,嫩江组一段、嫩江组二段泥岩为盖层,具有顶生、底生、侧生三种供油形式。因其油源丰富,储层发育,盖层较厚,所以是中浅层最主要的含油气组合。葡萄花油层组测井解释主要难题是低阻油层、高阻水层识别,以及压后能否产水的预测。萨尔图及高台子油层测井解释的主要难题是高含泥高含钙薄互储层参数准确计算，以及低阻油层与高阻水层为主的油水层识别。下部含油气组合，以深部泥岩为生油岩，扶余、杨大城子油层组为储层，青山口组一段泥岩为盖层。由于油源丰富，青山口组一段泥岩盖层厚度大，在区域上发育稳定，所以扶杨油层在长垣东西部大面积连片分布，也是中浅层提交储量的主要含油气组合。测井解释主要难题是低—特低孔渗储层参数准确计算及东部差油层与干层、南部及西部油水层准确识别。

一、大庆长垣西部含钙砂泥岩薄互层测井解释方法

大庆长垣以西地区萨尔图及高台子油层，除高含泥外，还高含钙，存在介形虫灰岩、钙质砂岩，钙质含量平均在 30% 左右，测井解释的主要难题是高含钙薄互储层参数准确计算，以及高阻水层的识别。大庆测井公司针对测井解释评价技术难点，开展长垣以西地区含钙砂泥岩薄互层解释方法研究，针对区域地质特点，选择满足地质条件的高分辨率测井系列，较准确地获得反应储层岩石特性的测井响应值。在此基础上，进行含钙砂泥岩薄互层导电机理研究，明确影响地层电阻率的主要因素是泥质含量、钙质含量和有效孔隙度。到 1997 年，研究形成了钙质含量定量求取技术，基于砂质、钙质含量的变骨架储层物性参数求取技术，特别是创新建立了逐层求取模型参数的饱和度求取技术，应用该方法测井解释油水层符合率达到 85.1%，与原来相比高出 27.6 个百分点。该成果获 1994 年大庆石油管理局科技成果奖一等奖。

二、大庆油田长垣外围低电阻油层成因及测井解释方法

20 世纪 80 年代初，在三肇及泰康—古龙地区首次发现低阻油层，应用现有的解释方法及标准均解释为水层，但试油结果为纯油气层，经过测井解释人员攻关研究，明确了低阻油层的成因为黏土矿物伊利石绝大部分为发丝搭桥状，比表面大，形成很大的吸水区，使岩石含水饱和度增大，电阻率降低，形成低电阻率油层。优化了含水饱和度模型，因低阻是由泥质含量高、阳离子交换容量高两个因素引起，因此，总水饱和度采用泥质砂岩饱和度方程与 W-S 模型方程加权确定。经验证，对低阻油层解释符合率达 79.2%，比用老方法提

高 22.6%；对正常油气层解释经试油验证，符合率达 90%。该项目获 1994 年大庆石油管理局科技成果奖二等奖。

三、"三水"饱和度模型

不同的储层类型，需要用不同的饱和度模型去解决。对于纯砂岩，有阿尔奇饱和度解释模型；对于一般的泥质砂岩，根据不同情况，有 W-S 模型、印度尼西亚方程、西门度方程、双水饱和度模型等十几种解释模型。但对大庆外围中浅层高含泥、高含钙复杂砂泥岩储层，无论用现有的哪种饱和度方程去解释，均因泥质含量校正不够，得不到合理的解释结果，所以必须开展新的饱和度模型研究。首次提出了微毛细管水导电理论，"三水"模型一方面通过引入黏土水的胶结指数来考虑黏土的分布对岩石导电的影响，能解释低矿化度地层水情况下较高的黏土附加导电，实现对高含泥储层电导率有效校正。另一方面通过单独考虑微毛细管孔隙导电机理，使纯砂岩时出现的 I-S_w 弯曲现象能得到合理的解释。该方法投产应用不仅使此类储层含油饱和度解释精度极大提高，而且较好地解决了储层压后能否产水难题。"三水"模型是对 W-S 模型及"双水"模型的发展与创新，适用于高含泥复杂砂泥岩储层井测井解释，具有国际先进水平。

"三水"饱和度模型在低阻油层中的应用。在英 66 井分别应用传统饱和度模型和"三水"饱和度模型进行测井处理解释。传统的饱和度模型处理解释结果中，储层 88 号、储层 89 号层电阻率较低，为 15.0~20.0Ω·m，其下部水层电阻率为 10.0~12.0Ω·m，为比较明显的低阻油层。储层孔隙度分别为 20%、18%，含水饱和度分别为 82% 和 92%，且有可动水存在，因此这两层分别解释为油水同层和含油水层。"三水"模型处理解释结果中，在所选用的地层水、泥质含量和总孔隙度等各项处理参数均相同情况下，含水饱和度分别为 30% 和 50%，且两层总含水饱和度和束缚水饱和度均相等，说明这两层均无可动水存在，所以将这两层均解释为油层。经试油自然测试，获日产 27.04t 工业油流，与"三水"导电模型解释结论完全吻合，从而说明"三水"导电模型对高含泥储层能有效进行泥质校正，在解决高含泥成因低阻油层中能发挥突出作用。

"三水"饱和度模型在压后产水层中的应用。在实际的试油作业中，发现有一些储层原始试油结论为低产油层，但压裂改造后，不仅储层的产油量能达到工业油流，而且还产一部分水，变成油水同层。传统的导电模型对这一现象无法做出合理的解释。英39井扶余油层组98号层属典型的低孔低渗透储层。传统导电模型处理结果中，在顶部和底部物性相对稍好处，电阻率相对较高，达到40.0Ω·m以上，具有含油特征，解释为差油层。"三水"模型的处理解释结果中，该层的含油性较好，但岩石孔隙结构复杂，储层微毛细管孔隙较发育，占总孔隙的25%~50%，因此，该层试油自然测试能产少量油，压裂改造之后，不但产油量能达到工业油流，且部分微毛细管孔隙压后变成连通孔隙，微毛细管孔隙水会产出，变成油水同层。试油证实：该层自然测试，日产油0.184t，压裂后日产油1.36t，日产水1.8m^3，结论为含水工业油层，与"三水"模型解释结果相吻合，从而说明由于"三水"导电模型能给出微毛细管孔隙的大小，因而对解决试油层压后能否产水难题发挥重大作用。

四、特色水淹层测井解释技术

20世纪90年代初期，油田经过长期注水开发，主力厚油层均强水淹，油田综合含水率大于80%，大庆油田进入高含水期开发阶段。油田高产稳产的调整挖潜对象由厚油层转向薄差层和厚油层非均质细分，所以油田实施了二次加密调整和三次采油，以满足油田开发的需要。

1992年，大庆油田开发技术座谈会上确定了"攻三难，过三关"的技术攻关目标，薄差层水淹层解释是攻关目标之一。为探索解决薄层水淹层储层识别与定量解释的难题，大庆测井公司先后与法国斯伦贝谢公司进行两次合作研究，获得三项重要成果：（1）认识到利用数字阵列声波，1.1GHz高频电磁波及微球形聚焦相结合，使0.2m以上薄层的划准率提高到90%以上；（2）利用6in间距时差曲线求取薄层孔隙度精度很高，平均相对误差3%，为开展"高分辨率声波测井仪"研制打下基础；（3）微电阻率扫描资料能对2~3cm的泥质、砂岩条带、井壁面上地层界面变化、细微沉积及结构特征，如小断层、小波状层理等进行识别，对薄层定性精细刻画起到重要作用。

厚层非均质细分水淹层测井解释方法。1992年，大庆测井公司常明澈、谢荣华、邵丰等研究完成了"厚层非均质细分水淹层测井解释方法"研究，首先利用正则反褶积与α技术，对测井资料进行高分辨率处理，使各条曲线分辨率达0.2~0.3m，基本匹配。应用自适应性神经网络等现代数理统计技术确定储层的渗透率、目前含水饱和度、束缚水饱和度、含水率及采出程度等参数。最终利用可动水饱和度值结合地质及动态资料判别水淹级别。该项技术能对厚层中0.5m以上非均质层进行细分定量解释，投产井水淹层解释符合率达85%以上，对油田稳油控水起到重要作用。

喇嘛甸油田高台子油层水淹层综合解释技术。1992年，赵继志、尤树文等研究完成了"喇嘛甸油田高台子油层水淹层综合解释技术"研究，依据喇嘛甸油田高台子油层组薄、互、杂、非均质严重的地质特点，以测井信息为主，将沉积特征、油水运动规律及计算机技术融合在一起提出一套"由定性到定量，由单一到综合"的综合解释技术，该方法投产井解释符合率达85%左右，在第六采油厂投产应用后，油井平均每口井比设计指标增产原油2t，且找到4口高效井（又称"聪明井"），日产量在20~42t，满足了第六采油厂高台子油层加密调整需要。"喇嘛甸油田高台子油层水淹层综合解释技术"研究项目获1992年大庆石油管理局科技成果奖一等奖。

薄层水淹层测井解释方法。1994年，大庆测井公司荆万学、杜宗君、尤树文等研究完成了"薄层水淹层测井解释方法"研究。针对薄差油层岩性、物性差，平面相变快，孔隙呈双峰分布特征，从理论上分析了注水开发油田的宏观水淹机理，建立了"双地层水电阻率"水淹层测井解释的新理论模型，采用"多重迭代递归"方法解决了在地层水电阻率不能确切知道情况下的含水饱和度准确求解难题，通过在油田3000多口井全面应用，使薄差水淹层测井解释投产符合率达70%以上，满足了油田三次加密调整生产需要，为油田实现"攻三难，过三关，油田综合含水三年不过一"的稳油控水目标提供了可靠的地质依据。该项研究成果获1994年大庆石油管理局科技成果奖二等奖。

状态空间模型在薄差水淹层测井解释中的应用。为进一步完善薄层水淹层测井解释技术，以适应高含水后期油田开发生产的需要，2000年，大庆测井公司荆万学、李全厚等完成了"状态空间模型在薄差水淹层测井解释中的应用"研究。为解决许多薄层各种测井资料基本相同但水淹状况却差异很大，给水淹层测井解释带来的难题，该项技术引入"状态空间解释模型和基本解释单元"的概念，利用在同一解释单元内多种测井资料的变化梯度及Kalman滤波增益，判断各有效储层间水淹状态在空间上的变化趋势，实现储层水淹状况的定性判别，在此基础上再利用双地层水电阻率模型反求储层参数，使薄层水淹层测井解释技术得到进一步发展，该技术在大庆油田2000多口调整井中应用，使薄差层水淹层测井解释投产符合率达75%以上。

长垣南部水淹层测井解释技术。针对长垣老区超薄层的地质特征，提出了在"基本解释单元"内按沉积韵律，应用"小波分析"和"分形"数学方法提取水淹特征，进行水淹层定性解释。利用了"分类""分形"和"分维"的方法建立了储层参数计算模型，使得薄差储层参数计算精度达到75%左右。

1995—1996年，与斯伦贝谢测井公司开展第二次薄层测井与解释合作研究，测井系列为MAXIS-500，裸眼井为高分辨阵列感应（AIT）、岩性孔隙度组合（IPL）、微电阻率成像（FMI）及模块式地层动态测试（MDT），套管井为储层饱和度测井（RST）。实际资料证明，这套技术对0.5m以上层的水淹层定量解释及0.2~0.5m超薄层的定性划准能取得较好结果，但对0.2~0.5m超薄层的定量评价也无能为力。

1995年以后，大庆测井公司的水淹层测井技术研究主要是参与"九五"国家级课题"大庆油田5300万吨稳产到2000年技术研究"中的专题"高含水后期测井配套技术研究"的子课题，主要研究高含水后期水淹层水淹机理及解释模型：

（1）水淹层电化学、物理特征及其测井响应实验研究。

（2）1997年完成高含水后期储层饱和度解释模型研究。该项成果以岩心实验为基础，搞清油层水淹机理、油层水淹后阿尔奇公式的适用性，以及油层水淹后阿尔奇公式中的a、b、m、n值的变化规律，建立了水淹层含水饱和度模型。该项成果获1997年大庆石油管理局科技成果奖三等奖。

第四章　成像测井，服务"油气并举"战略（1997年至今）

20世纪90年代以来，随着声电成像等特殊测井技术的成功研发和广泛应用，测井技术在油气田勘探开发中的作用得到了显著提升。大庆油田引进并自主研发了高分辨率阵列感应器等一系列成像测井采集仪器，这些先进的测井仪器能够采集更丰富的、分辨率更高的地层信息，使地层特点的反映更为直观，为复杂储层的评价提供了有力支持。基于上述技术，大庆油田研究形成了深层火山岩复杂岩性储层测井评价、潜山裂缝储层测井评价等一系列针对复杂储层的测井评价技术，极大地推动了油气勘探开发的进程。

第一节　国外引进成像测井设备

一、斯伦贝谢 MAXIS-500 成像测井

20世纪90年代，大庆外围勘探重点逐步转向深层砂砾岩、火成岩及海拉尔盆地复杂砂泥岩和火山碎屑岩储层，油田内部二次加密调整对象转为厚层非均质层及薄互层，CSU数控测井装备已经不适应实际工作的需求。为探索深层、海拉尔及薄差水淹层测井解释难题，1995—1996年，与斯伦贝谢测井公司开展合作研究，斯伦贝谢测井公司一支MAXIS-500成像测井队来大庆提供测井服务。其井下测井仪器有：高分辨率阵列感应测井仪（AIT）、地层微电阻率成像测井仪（FMI）、岩性孔隙度组合仪（IPL）、过油管双探测器储层饱和度测井仪（RST）、高精度自然伽马能谱测井仪（HNG）、动态式模块地层测试器

(MDT)。由汪903井测井资料处理解释结果看，阵列感应、岩性孔隙度组合仪、地层微电阻率成像及动态式模块地层测试器等成像测井新方法，在解决深层砂砾岩储层参数准确求取、火成岩裂缝参数的准确解释及气层的准确识别等方面具有重要作用，为引进国外成像测井设备奠定了基础。

二、MRIL-C型核磁共振测井服务

为了解核磁共振测井在大庆致密复杂砂泥岩及深层火成岩储层勘探评价中的作用，1996—1997年，先后租用中油测井公司及辽河测井公司各一个5700测井队，开展MRIL-C型核磁共振测井服务，共测井10口。通过测井资料处理分析，认识到核磁共振测井对大庆中浅层复杂孔隙结构及深层火山岩储层评价有重要作用，为核磁共振测井的引进奠定基础。

三、哈里伯顿公司EXCELL-2000成像测井装备

1997年，引进两套哈里伯顿EXCELL-2000成像测井装备，数传速率217.6KB/s。每套由双地面测井设备、双套常规井下仪器、单套特殊项目井下仪器构成。

（1）地面测井设备。EXCELL-2000地面测井设备。

（2）井下测井仪器。井下测井仪器有：自然伽马、补偿自然伽马能谱、自然电位、井斜方位、四臂井径、补偿声波、谱密度、双源距中子、双侧向、高分辨率感应、微球聚焦、核磁共振（MARIL-P）、微电阻率成像（EMI）、井周声波成像（CAST-V）、可选择地层压力测试（SFT）、低频偶极声波（LFDT）、全波列声波（FWST）、旋转井壁取心及射孔、多参数生产井测试、套后工程作业等。

2004年以来，又相继引进了5套哈里伯顿公司EXCELL-2000升级版的LOGIQ快速成像测井平台，数传速率800KB/s。地面设备硬件采用模块式设计、软件采用基于英特尔微处理技术的微软Windows系统，通过网络实现数据采集、处理出图及远程控制。增加了井眼补偿阵列声波（BCAS）、阵列感应（AC-RT）、正交偶极声波（WSTT）、独立井斜方位（IDT）及井眼参数（BHPT）

等井下仪器。而且将微电阻率成像仪（EMI）升级成增强型微电阻率成像仪（XRMI），将四臂井径升级为六臂井径（ICT）。

四、贝克—阿特拉斯公司 ECLIPS-5700 成像测井装备

1999年，引进了两套贝克—阿特拉斯公司 ECLIPS-5700 成像测井装备，数传速率230KB/s。

（1）地面测井设备。ECLIPS-5700 地面测井设备。

（2）井下测井仪器。井下测井仪器有：伽马能谱、补偿中子、Z密度、双侧向、微侧向、数字声波、井斜方位、井眼参数、井周声波成像（CBIL）、微电阻率成像（STAR）、正交偶极声波（XMAC-Ⅱ）、阵列感应（HDIL）。

五、测井资料处理硬件装备

1.SUN 工作站、服务器

为了满足勘探数据库资源共享的要求，1991年购进了SUN490工作站作为勘探数据库网络中测井节点机，配有1/4in磁带机，600MB硬盘。1992年又购进SUN690工作站，配有1/4in磁带机，1GB硬盘。Versatec绘图仪是主要的输出设备。

1995年，为适应年处理2000口调整井和100口探井的测井任务及科研工作的需要，从美国购进了一套SUN2000E服务器，拥有4台2GB硬盘、1台光驱、一台4mm磁带机、一台8mm磁带机，以及一台1/4in磁带机、5台SUNstation20工作站、Versatec7222和Versatec80绘图仪。随即购买了C语言和Fortran语言编译软件。

为满足越来越多的测井资料处理解释任务，1998年引进了14台SUNultra60工作站（其中，勘探开发研究院4台）。主要配置是主频450MHz的CPU、内存512MB和一个9GB硬盘，输出为4台黑白的施乐8830绘图仪和彩色的CLIP绘图仪。

随着测井任务量的进一步加大，2000年又购进大量的工作站。包括8台SUNBLADE-2000工作站（其中，大庆油田勘探开发研究院两台），主要配置是

主频 1200MHz 的 CPU、内存 3GB 和一台 72GB 硬盘；6 台 SUNBLADE-2500 工作站，主要配置是两个 1600MHz 的 CPU，内存 8GB，两个 146GB 内置硬盘，XVR-1200 型号的显卡；5 台 SUNultra45 工作站，主要配置是两个 1600MHz 的 CPU，内存 8GB，两个内置 250GB 磁盘，XVR-2500 显卡。输出为 4 台黑白的施乐 60 系列绘图仪、6 台彩色的 ISYS 绘图仪、4 台大幅面彩色 hp1050c 绘图仪和 1 台大幅面彩色 hp800 绘图仪。

2. SGI 工作站、服务器

1995 年，还引进了美国 POWER-CHALLENGE-XL 服务器，拥有 4 个可并行处理的 CPU、4 台 4MB 硬盘、4mm 磁带机和 8mm 磁带机各一台、1 台光驱，以及 4 台 1ND1GO-2 工作站和 6 台 1NDY 工作站。OYO624、OYO612 绘图仪是其主要的输出设备。

1998 年，购进了 4 台 SGI 的 OCTANE-2 工作站，主要配置是主频 400MHz 的 CPU，内存 512MB 和一个 9GB 硬盘。

3. COMPAQ 服务器

2002 年，研究院购买一台 COMPAQ 服务器，一台 hp laserjet5500 彩色打印机，一台 ATLANTEK 打印机。2008 年，购买一台 hp designjet5500 彩色打印机。

4. 小机房

为了满足成像测井处理解释工作量成倍增加的需要，组建了针对性很强的解释小机房。分别配有配置很高的十几台微机，与主机房的服务器通过网络连接。实现了资源共享，大大缓解了解释任务量大与解释设备不足的矛盾。

第二节 自主研发成像测井设备

一、WISEYE-1000 快速成像测井平台

面对大庆油田及国内、国际市场需求，大庆测井公司国产慧眼 -1000 测井装备存在诸多问题，常规仪器需要多次下井，影响作业时效，仅能进行常规项目测井，电成像、阵列声波、核磁等成像测井需要其他队伍来补充等不足，且

部分测井系统已投产十几年，设备老化，不能更好满足油田"提速提效"，大庆测井公司经过两年努力，于 2011 年成功研发了具有自主知识产权的覆盖全套电缆作业项目的新型测井系统——WISEYE-1000 成像测井系统（包括集成成像地面系统及高集成常规井下快速测井平台）。数传速率 450KB/s。该研究成果获得大庆油田有限责任公司科学技术进步奖一等奖。

1. 地面测井设备

WISEYE-1000 地面测井车与慧眼 -1000 相同。其地面测量系统由工控计算机、综合采集机箱、射孔取心机箱、电源、显示、绘图仪及测井软件组成。

（1）硬件系统。

采用 USB2.0 高速传输模块极大提高数据交换速度。研制成多功能采集箱，具有常规及成像两个采集接口，使其在功能上相互独立，结构上又通过网络联系在一起。

（2）软件系统。

以新一代 Windows7 操作系统为平台，采用微软最新的 NET-FRAMWORD 软件，结合模块化设计、数据库设计、人性化界面设计，使操作更加灵活方便。

2. 井下测井仪器

针对大庆油田不同测井需求，研制出两套井下快速测井平台。

（1）调整井水淹层生产井快速测井平台。

平台集成了高分辨率三侧向、微球聚焦、微电极、简化横向电极、高分辨率声波、补偿密度、补偿中子、高分辨率自然电位、自然伽马、四臂井径、井斜方位、井温及张力等测井项目。仪器总长 12.44m（加硬电极总长 27.44m），最大测量点控制在 13.1m 以内，一次下井能取全所有资料。测井时效比慧眼 -1000 提高 50%。

（2）新开发区生产井快速测井平台。

测井平台需要两次下井取全测井资料，每次作业最大测量点控制在 12.9m 以内。

第一串：三参数（井温、流体及张力）+ 简化横向电极 + 数传 + 自然伽马 + 数字声波 + 微球聚焦、微电极、井径 + 井斜方位，仪器总长 28.25m。

第二串：三参数＋数传＋自然伽马＋补偿中子，仪器总长15.3m。

此外，还可以配接引进哈里伯顿公司及阿特拉斯公司的P型核磁、微电阻率成像、阵列感应及正交偶极声波等成像测井仪。

（3）主要技术特点。

①应用正交频分复用（OFDA）技术及按电缆的传输特性设定最适合的子频带调制方式，使电缆数传速率达到450KB/s。应用纠错编码和CRC校验编码相结合的技术，确保数据传输可靠性。

②实现电路高集成优化设计，采用数字聚焦及数字信号处理技术将所有仪器的电路集成在两个综合电路短节当中，缩短了电路的整体长度。

③实现探头高集成优化设计。采用双电机加四个独立推靠弹簧臂相结合的技术，实现微球聚焦、微电极、密度及四臂井径四个贴井臂探头的优化集成，不仅缩短了仪器长度，而且降低了多推靠臂带来的施工风险。

总之，这是目前国内仪器总长较短、测井时效高、可靠性好、兼容性强的一套快速成像测井平台。作为由数控发展到成像测井的过渡产品，目前已装备8个测井队，测井100多口。

3. 应用效果

成果应用后，共计推广WISEYE-1000集成成像测井地面系统20套，便携式地面系统10套。完成了17套工作温度150℃、工作压力100MPa，4套工作温度175℃、工作压力140MPa的高集成标准仪器平台。成功应用于大庆油田、吉林油田、海拉尔油田，以及印度尼西亚等其他国家油田。

海拉尔盆地于2013年开始使用WISEYE-1000集成成像测井系统承担测井任务，累计创效2亿余元。该系统在中标的印度尼西亚区块，完成2口评价井和6口套后测井任务，创效300多万元。在油田外围开发井作业5159井次，累计创效3.8亿元。在大庆油田内部区块及吉林油田创效近3000万元。自行制造对比完全购置装备节省投资7472.56万元。

WISEYE-1000集成成像系统逐渐全面推广应用，将全面增强作业能力、提高采集时效，为大庆油田$4000×10^4$t稳产提供支持，为拓展国际测井市场提供保障。

二、慧眼-2000成像测井装备

2012年,成功研制慧眼-2000成像测井装备,数传速率为2MB/s,其井下测井仪器还能配接0.2m超薄层快速测井平台及自主研制的微电阻率成像、多极阵列声波、阵列感应、井周超声、地层化学元素及动态式地层测试等各种成像测井仪器。该研究成果获得大庆油田有限责任公司技术创新奖一等奖,它使大庆油田测井装备实现由数控测井发展到成像测井第三次升级换代。

随着大庆油田勘探开发的不断深入,面临的地质问题日益复杂,成像测井技术能够提供更丰富的岩石物理和油气信息,是大庆油田深入开发、复杂地质储层评价的重要方法,是不可缺少的新一代测井技术[3]。多年来,国外油服公司通过限制出口高端成像设备、大幅提高零配件价格和延长供货周期等手段持续垄断成像测井市场。因此,借鉴国外经验,立足国内实际,开发具有自主知识产权的包括慧眼-2000地面系统、高速数据传输系统、八臂电成像仪器和多极子阵列声波仪器的新一代成像成套装备是突破技术垄断、跟踪世界先进的需要,是为油田开发提供更全面、更丰富、更优质的技术服务的要求,是保障大庆油田$4000×10^4$t稳产的必要技术支撑。

1. 地面测井设备

慧眼-2000成像地面测井设备与慧眼-1000相同。其地面测量系统由测量电源系统、数据采集系统、接线控制系统、深度系统、计算机及外设系统与软件操作系统等部分组成。与慧眼-1000相比具有以下几个特点。

(1)地面测量系统测井得到的数字化数据采用开放式结构、分立式采集、国际通用格式记录。内部以以太网串型总线,外部以3G无线网络传输,具有远程控制、远程测量、远程传输的功能。

(2)电缆传输数据达2MB/s,适应成像测井大数据量传输的需要。

(3)系统软件包括主控模块、系统管理模块、工程管理模块、数据采集模块、刻度模块、曲线显示模块、测后处理模块、图表编辑模块等,具备井下仪器配接扩展能力强及曲线质量实时检测功能。

2. 井下测井仪器

除慧眼-1000数控测井装备能配接的所有井下仪器外，还能配接0.2m超薄层快速测井平台及自主研制的微电阻率成像、多极阵列声波、阵列感应、井周超声、地层化学元素及动态式地层测试等各种成像测井仪器。

3. 应用效果

成像测井技术研究项目中八臂电成像项目已成功测井36口，多极子阵列声波项目已成功测井35口，慧眼-2000地面系统及高速数据传输系统配合成像系列测井100余口·次，完成了与引进仪器资料对比，实现了所有设计指标，达到了现场使用要求。项目形成2套慧眼-2000地面系统、2套便携地面，4支高速数据传输井下仪、4支八臂电成像井下仪、4支多极子阵列声波井下仪，共节省装备投资约1.2亿元。系统自投产以来，累计直接或间接创造产值400余万元。成像测井技术的研究成功，打破了国外油服公司对成像核心技术的垄断局面，提高大庆测井公司的装备水平，增强大庆测井公司在市场竞争中的实力。另外，成像测井系统的研制及其应用，使大庆测井公司完全掌握了成像测井前沿技术，具备了开发成像测井成套装备的能力，大大提高了大庆测井公司的测井仪器开发研制水平，对大庆油田深入开发，保障大庆油田 $4000×10^4$t 稳产，具有重要的意义。

三、0.2m超薄层快速测井平台

2012年，大庆测井公司成功研制0.2m超薄层快速测井平台，包括测井系列及快速平台两部分。该研究成果获得大庆油田有限责任公司技术创新奖一等奖。

1. 0.2m超薄层测井系列

（1）0.2m分辨率自然伽马。采用阵列探测器探头设计及加权平均合成技术、加上有效屏蔽结构，提高了测井曲线的分辨率。与常规仪器相比，具有分辨率高，仪器工作稳定、可靠等特点。现场试验表明，能够分辨出0.2m以上的地层。

（2）0.2m分辨率补偿密度。采用三探测器结构优化设计技术，提高了测井曲线的分辨率。与常规仪器相比，该仪器具有分辨率高、集成度高的特点，能提供0.2m高分辨率与常规两条补偿密度曲线。现场试验表明，能够分辨出0.2m以上的地层。

（3）0.2m分辨率三侧向。采用变直径电极的电极系结构设计，在提高测井曲线分辨率的同时，有效降低了钻井液及其侵入的影响。与常规仪器相比，该仪器具有分辨率高、探测深度大的特点，可同时提供探测深度分别为1m（深）、0.4m（中）、0.2m（浅）3条三侧向视电阻率曲线。现场试验表明，能够分辨出0.2m以上的地层。

（4）0.2m分辨率自然电位。采用近井壁测量技术，降低了围岩和井筒的影响，提高了曲线的分辨率。与常规仪器相比，该仪器分层能力强，稳定可靠。现场试验表明，能够分辨出0.2m以上的地层。

（5）0.3m分辨率补偿中子。采用数值模拟技术，设计了高分辨率中子探测器，提高了测井曲线的分辨率。与常规仪器相比，该仪器具有分辨率高，工作稳定、可靠等特点。

（6）0.2m分辨率双侧向。采用数字合成聚焦技术，提高了测井曲线的分辨率。与常规仪器相比，具有分辨率高、测量范围大和井眼影响小等特点。现场试验表明，该仪器能够分辨出0.2m以上的地层。

2. 0.2m超薄层快速测井平台

2012年，将0.2m超薄层测井系列通过总体设计，采用智能化接口及标准总线方式高度集成为0.2m超薄层快速测井平台。仪器共分两串，集成一包括自然伽马、三侧向（双侧向）、六参数（微球聚焦、微电极、井径、井斜方位、井温、流体），长度28.6m，记录点14.4m。集成二包括自然电位、补偿密度、补偿中子和高分辨率声波，长度11.69m，记录点8.53m。两次下井可录取全部资料，测速大于450m/h。该仪器集成度高、可靠性强，提高了测井一次成功率和时效。0.2m超薄层快速测井平台已完成了20余口井的测量，结合取心井岩心资料进行综合评价，曲线分辨率可达到0.2m。

3. 应用效果

0.2m超薄层快速测井平台成功应用以来，取得了显著经济效益，累计测井 550 余口，直接经济效益超 4500 万元。0.2m 高分辨率水淹层测井系列技术已在大庆油田推广应用，经岩心对比分析，测井曲线分辨率达到 0.2m，较在用的慧眼 -1000 测井系列，曲线分辨率明显提高，测量响应更加接近地质真实。在厚度划分、薄层参数求取及水淹级别判定等方面提升显著，水淹层解释符合率显著提高，化学驱水淹层解释符合率 76.3%，水驱表内储层达到 79.8%、表外储层达到 75.2%。特别是实现了 0.3m 以下独立薄差层及大庆油田近 7×10^8t 的表外储层的定量解释评价，改变了大庆表外储层不能进行储层参数解释的历史，对油田开发方案编制及射孔方案制定提供有力技术支撑，油田潜在的经济效益较大。

四、集成化饱和度快速测井平台

2003 年，自行成功研制集成化饱和度快速测井平台。其设计思路：首先实现井下仪器的集成，即将能准确求取储层含水饱和度的各种井下仪器，通过重新设计改造组成四个短节，可任意组合，一次下井取全所有资料。其次是实现井下测井仪与测井解释方法的集成，即根据自行研制的相应软件，在井场利用测井资料解释出各层准确的含油饱和度数值，作为油水层及水淹层判断的重要依据。

1. 井下仪器集成

首先制定出大庆裸眼井测井仪机械、电气及通信通用接口标准，在此基础上将井下仪器分为四个测量短节。

（1）数传和自然伽马测量短节。数传和自然伽马测量短节仪器总长 1840mm，质量为 40kg。采用 CAN 总线连接方式，通信传输率最高可达 1MB/s。井下数传短节与地面通信模块采用先进的编码调制技术，数据传输速率达到 200KB/s，传输误码率小于 1.0×10^{-7}，自然伽马测量误差 0.1%。

（2）数字化高分辨率双侧向和声波测量短节。数字化高分辨率双侧向和声波短节仪器总长 10150mm，质量为 220kg。高分辨率双侧向测井仪分层能力 0.4m，浅侧向探测深度 0.3m，深侧向探测深度 1.4m，测量范围 0.5~5400Ω·m，测量精度分别为 0.5~2Ω·m±10%、2~200Ω·m±5%、200~5400Ω·m±10%。数字化高分辨率声波测量范围 100~850μs/m，测量精度 ±5μs/m。

（3）补偿中子和补偿密度测量短节。补偿中子和补偿密度测量短节仪器总长为6495mm，质量为170kg，为偏心推靠仪器。

（4）六参数测量短节。该短节测量的六参数包括微电极、微球聚焦、井径、井斜方位、井温及流体，仪器总长为6456mm，质量为225kg，六参数仪器为居中推靠器。

2. 井下仪器与地面解释集成

仪器下井测得的数字信号通过电缆传输到地面，由专用的集成化饱和度地面测量系统记录，通过自行研制新的饱和度模型软件，在井场快速得到准确的含油饱和度参数。

五、井下组合测井仪

原调整井、开发井及探井常规测井系列分别要下5串仪器、4串仪器及5串仪器才能取全资料，为减轻劳动强度，提高测井时效，开展组合井下测井仪研究。

2005年，成功研制井下组合测井仪。首先根据大庆裸眼井测井仪机械、电气及通信通用接口标准，对井下测井仪进行重新设计和改造，实现井下仪器的任意组合。其次是采用A/D转换器将模拟信号变成数字信号，通过PCM脉冲编码技术将数字信号通过电缆传输到地面，大大提高了测井数据传输的容量和精度。

组合井下仪研制成功，使调整井、开发井及探井常规测井资料分别下2串仪器、2串仪器及3串仪器就能全部录取。每串测井仪组合情况如下：

1. 调整井测井系列

第一串：自然伽马+PCM9801+组合声波（高分辨率声波及声波变密度）+六参数。

第二串：简化横向电极+PCM9801+自然伽马+高分辨率三侧向+补偿中子+补偿密度。

2. 开发井测井系列

第一串：自然伽马+PCM9801+双侧向—微球聚焦+六参数。

第二串：简化横向电极+PCM9801+自然伽马+高分辨率声波。

3. 探井常规测井系列

第一串：简化横向电极+自然伽马+PCM9801+双侧向—微球聚焦+六参数。

第二串：自然伽马+PCM9801+补偿中子+补偿密度。

第三串：自然伽马+PCM9801+组合声波+双感应+球形。

组合井下仪作为数字测井向数控测井过渡产品，从2006年起在大庆油田全面推广应用，共装备30个测井小队，测井8043口，一次成功率100%，曲线质量全部达标。单井测井时间比原来平均减少了2h48min，提高时效37.3%，取得明显的经济效益。

六、四种成像测井仪

2012年，成功研制四种成像测井仪。

1. 八臂微电阻率成像测井仪（EMRI）

八臂微电阻率成像测井仪由8个相互独立的推靠臂组成，每个推靠臂上装有一块测量极板，每个极板上装有两排交叉排列直径为0.4cm的纽扣电极25个，共有200个纽扣电极。可以测得200条微电阻率曲线，通过处理可以形成微电阻率彩色图像，对$8\frac{1}{2}$in井眼图像井壁覆盖率达到85.3%。

斯伦贝谢公司的FMI有4个相互独立的推靠臂，每个臂上装有主、副两块极板，共有192个电极，井壁覆盖率80%。哈里伯顿公司的XRMI、阿特拉斯公司的STAR都有6个相互独立的推靠臂，分别有150个、144个纽扣电极，井眼覆盖率分别为66%、59%。

从而可见，八臂微电阻率成像测井仪能够更加适应各种复杂井眼条件下的测井，其处理图像的井壁覆盖率及清晰度与斯伦贝谢公司的仪器相当，比哈里伯顿公司、阿特拉斯公司的仪器好。

2. 高分辨率阵列感应（UHAI）

高分辨率阵列感应测井仪采用单发射线圈系，7个阵列接收线圈系，6个工作频率（16kHz、24kHz、42kHz、64kHz、88kHz、112kHz）。可得到84道地层原始测量信号和 12 个仪器工作状态监测信号。经处理，可输出 0.5ft、1ft、2ft、4ft 4 种纵向分辨率，6in、10in、20in、30in、60in、90in、120in 7 个探测深度的感应电阻率测井曲线。与国内外同类仪器相比，增加 0.5ft 高分辨率及 6in 浅探测感应测井曲线。UHAI 0.5ft 的分层能力比 HDIL 1ft 的分层能力有很大提高，可达 0.2m，更能适应薄层解释的需要。UHAI 6in 的探测深度比 HDIL 10in 的探测深度更浅，更能适应复杂钻井液侵入剖面评价的需要。

3. 多极阵列声波测井仪（TTAS）

多极阵列声波测井仪由发射声系及电路，接收声系及电路，隔声体及采集电路四部分组成。发射声系由三个发射源组成，分别为高频单极源（发射频率范围 1~20kHz），正交偶极源（发射频率范围 0.5~5kHz）及低频单极源（发射频率范围 1.5~2kHz）。接收声系由间距为 0.5ft 的 8 个接收器阵列组成。对单极源而言，两个发射源在 8 个接收器上可记录 16 个单极全波形。对正交偶极源而言，由于发射器及接收器均由平面上相互垂直的 X、Y 两个方向构成，所以每个接收器均可接收到 4 个偶极波形（XX、XY、YX、YY），8 个接收器接收到 32 个偶极全波形。这样每个记录点可记录 48 个全波形。

与国内外同类仪器相比，TTAS 的主要特点为：（1）研制成低频单极源，可直接测得斯通利波，与以前只能从全波列中提取相比，精度有很大提高。（2）选用聚醚醚酮（PEEK）材料封装声系，解决了引进仪器存在的发射声系易腐蚀、易气侵的问题，延长了使用寿命，降低了维修成本。

4. 地层元素分析测井仪（FEAT）

地层元素分析测井仪是利用锔—铍中子源发射 4.4MeV 高能中子，在地层中经过碰撞，散射减速为热中子，被地层中不同元素的原子核俘获，同时释放出俘获伽马射线，由光电倍增管记录到热中子的俘获伽马能谱。因每种元素均对应一种特征的俘获伽马能量，如 C 元素为 4.4MeV，O 元素为 6.12MeV，H 元素为 2.2MeV，Fe 元素为 7.6MeV，所以通过解谱可以得到地层中各种元素的干重及氧化物的含量。

地层化学元素测井能给出 18 种元素的干重（18 种元素分别为铝、钡、钾、镁、钠、镍、铬、硫、铜、碳、氧、硅、钙、铁、钛、钆、氯和氢），以及碳酸岩、硬石膏、石膏、黄铁矿、菱铁矿、煤、石英、长石及云母等矿物的含量。目前，为国内首家成功研制此类仪器的公司。

在英斜 58 井应用中发现，FEAT 与斯伦贝谢 ECS 测量结果对比，测得的 18 种元素干重及岩石矿物百分含量曲线形态一致，精度相当。FEAT 为满足大庆薄互层发育特点需要，在处理过程中对滤波参数进行调整，使其分层能力更强一些。

第三节　测井解释方法及软件平台

20 世纪 90 年代以后，大庆油田勘探经历第三个阶段，该阶段主要任务是深层火成岩气藏及海拉尔快速堆积复杂断块油气藏的发现及探明。深层火成岩及海拉尔浅变质裂缝储层为基质与裂缝（溶孔）双重孔隙介质储层，用数控测井确定裂缝参数精度低，没有相应的油气层判断方法。在复杂油气藏勘探理论指引下，大庆测井公司引进哈里伯顿及阿特拉斯公司的成像测井装备，配套斯伦贝谢 Geoframe "P 包"和"G 包"、哈里伯顿 DPP、阿特拉斯 EXPRESS 处理软件，自行研制"深层致密砂岩、砂砾岩储层""深层酸性火山岩储层""海拉尔盆地断块油藏复杂砂泥岩储层"和"海拉尔盆地浅变质火山碎屑岩储层"四套解释方法，形成了深层及海拉尔盆地复杂油气藏测井评价理论与方法。不但解决了深层火山岩裂缝性储层及海拉尔盆地快速堆积复杂砂泥岩储层划分难题，而且首次为火山岩裂缝性储层提供了较准确的储量计算参数，使探井解释成功率和符合率均达到 85% 以上，为在探明深层 $2000\times10^8m^3$ 天然气储量及海塔会战的初战告捷作出了贡献。开展了致密油储层、碳酸盐岩储层、页岩油气储层测井评价方法研究，为接替资源勘探开发提供了技术支撑。

一、致密油储层测井评价技术

松辽盆地深部地层是指白垩系下统泉头组二段以下地层，探区主要包括古龙常家围子断陷、古中央隆起带、徐家围子断陷、莺山庙台子断陷四个构造单元，有利勘探面积 $28860km^2$。

松辽盆地北部致密油储层主要发育在扶余、高三、高四油层组,致密油藏分布范围广,资源潜力大,是大庆油田提交油气储量的重要接替领域,致密油储层由于储层致密、渗透性差、孔隙结构复杂,使得该类储层岩电关系复杂、油水层电阻率差异小、孔隙流体达西定律不适用,在测井解释中面临着储层参数计算、流体性质识别、储层有效性和产能评价等关键技术难题亟待攻关,同时,近年来为提高单井产量,实现储量目标,水平井的钻探逐渐成为油田勘探的重要手段之一[4]。由于水平井井眼在地层的空间位置不同于直井,地层存在各向异性,层界面与井眼基本上呈水平状态,测井仪器响应与直井状态下的响应存在较大差异,建立校正方法难度大,直井的测井解释方法无法精细划分储层和识别流体性质。大庆油田公司高度重视致密油储层精细评价工作,针对上述两方面问题,从2012年开始通过岩心物理实验及理论指导持续开展技术攻关,目前已形成一套成熟的致密油储层测井精细评价方法,在生产中一直推广应用,满足了勘探测井评价的需求。

2011年,首次在垣平1和齐平1水平井获得致密油产能的突破,中国石油天然气股份有限公司(简称股份公司)及大庆油田有限责任公司(简称大庆油田公司)迫切需要开展致密油储层相关技术研究。

2012年,"非常规油气勘探关键技术研究与开发现场试验"在股份公司立项,大庆油田公司配合开展致密油测井评价技术研究,同时参加了股份公司勘探与生产公司组织的致密油气储层测井评价技术攻关。

2013—2016年,大庆油田公司针对长垣南扶余油层和齐家高台子油层组致密油解释难点,立项"致密油储层精细评价技术研究",经过四年的攻关,以岩石物理为基础,建立以致密油储层孔隙结构评价为主的物性评价、以含油饱和度评价为主的含油性评价、以地应力及岩石力学参数评价为主的工程品质评价、以曲线校正为主的水平井测井评价方法,形成了较为系统的致密油直井、水平井测井处理解释评价技术,解决了致密油储层测井精细评价问题,取得了三项创新性成果:建立致密储层"七性"参数测井定量评价特色技术;建立了基于储层综合品质评价的储层"甜点"分类特色技术;建立了以井眼轨迹为基础的水平井测井解释评价技术,同时应用类比法分区块、分层位探索建立了水平井产能预测方法，产能预测符合率78.3%。较好地满足了生产需求，为致密油勘探评价部署和水平井试验区顺利推进提供了强有力的技术保障。

项目研究成果在新钻井测井解释、致密油老井复查等方面全面应用，2013—2016年期间共解释探井66口，试油44口，其中38口获得工业油流，计算储层孔隙度平均绝对误差0.99%，储层产能预测级别符合率83.3%；直井解释符合率96.3%，水平井厚度大于10m的目标层段"甜点"测井综合判准率达到88.2%，为"甜点"优选、地质研究提供了技术支撑，特别是致密油直井、水平井的"七性"评价成果，已成为直井、水平井压裂施工设计的重要依据，为致密油层勘探开发提供技术支持，具有明显的经济效益和社会效益。

2017—2019年项目研究成果在三肇地区扶余油层致密油储层进行了推广和完善，有效支撑了三肇地区致密油勘探评价部署和水平井测井解释评价。

2020—2021年项目研究成果在新钻井测井解释、致密油老井复查等方面持续应用与完善，在齐家和长垣、三肇等地区多个致密油试验区提供技术支撑和各级储量提交，为致密油层勘探开发提供强有力的技术支持。

大庆东部深层登娄库组发育一套致密砂岩、砂砾岩储层，国内没有一套有效的解释方法[5]。为适应砂砾岩复杂储层测井解释需要，1994年引进斯伦贝谢公司的Geofram "P"包，结合大庆地质特点对从斯伦贝谢公司引进的ELAN-Plas处理软件进行研制和开发，确定相应输入参数及解释模型。与汪903井411块岩心分析资料对比，确定储层参数平均相对误差，其中孔隙度6.3%，泥质含量16.90%，石英含量8.9%，长石与岩块含量14.7%，均达到较高精度，为准确求取含气饱和度S_g值奠定了基础。裸眼井中，利用$P^{1/2}$概率分布法、空间模量差比法等六种方法，建立起气层识别的综合函数。在套管井中，利用套后二次中子测井，对比提高识别气层精度，再结合ELAN处理的S_g值，研制气层识别图版，进行气层解释，符合率85%以上。这套方法投产使用后，致密砂岩、砂砾岩测井解释符合率达85%以上，而且为深升2井区砂岩、砂砾岩储层提交$58.48×10^8 m^3$天然气探明储量，提供了准确的储量计算参数。

二、深层火山岩复杂岩性储层测井评价技术

2002年徐深1井酸性火山岩储层压后自喷获得日产气530057m³高产工业气流,开创了松辽盆地北部徐家围子勘探工作新局面。2004年,中国石油天然气集团公司确定大庆徐家围子断陷为深层找气重点探区。与国外面积分布大、储层均质性好的火山岩油气藏不同,松辽盆地深层火山岩储层具有埋藏深度大、岩性复杂、储集类型多样、储层物性差及流体类型多样,储层非均质性强,厚度、物性、流体性质横向变化大,无统一气水界面等特点,传统方法根本无法评价,给火山岩储层测井评价带来很多难题。如何建立起一套行之有效的火山岩储层测井评价技术,以满足松辽深层勘探评价、储量提交和开发需要,是当时大庆油田测井面临的最大难题。从测井系列选择到解释评价方法,国内外没有任何可以借鉴的经验。2002年大庆油田首次发现火山岩气藏时,测井解释符合率不到70%,严重制约大庆深层火山岩勘探工作进展。

大庆油田火山岩储层岩性、岩相变化快,非均质性强[6],现有的油气勘探方法和评价标准已不能满足火山岩油气藏勘探开发的需求。为解决这一难题,需要建立火山岩储层测井评价理论和方法,集成并研发储层评价的关键技术和相关标准,为大规模火山岩油气藏的高效勘探开发提供技术保障。大庆油田勘探开发研究院地球物理测井室通过火山岩储层导电机理及其测井响应机理研究,搞清了火山岩岩性、岩相测井响应机理,在储层四性关系研究基础上,建立"成分+结构"的岩性识别方法,以及基于典型测井特征模式的"点、线、面"相结合的岩相划分方法,形成了"大庆深层火山岩岩性、岩相典型特征模式库",并编译解释程序,实现了火山岩岩性的自动识别。首次形成了企业标准《火山岩岩性测井识别技术规范》。通过岩电实验、电阻率影响因素分析,探索了火山岩导电机理,建立基于背景导电的含气饱和度模型。在岩性、岩相识别基础上,首次研制了"宏观+微观"的储层流体识别方法、变骨架参数有效孔隙度解释模型、基于层流指数分类的渗透率解释模型,分区块分别建立了大庆地区酸性、中性、基性3套火山岩储层的流体识别、储层参数计算、储层测井分类评价方法,形成了一套相对完善的火山岩储层测

井评价理论、方法和技术。研究成果已编写进《松辽盆地北部火山岩气藏测井评价技术及应用》一书中，并在国内外SCI、EI及核心期刊上发表了论文17篇，该研究成果已解释了200多口井，其中，有80余口井获工业气流，60多口井投入了试采、开发，火山岩储层天然气产量达到了$15×10^8m^3$，顺利提交了火山岩储层各级天然气地质储量$3000×10^8m^3$，为勘探评价部署、储量提交和天然气开发上产奠定了坚实的基础。

1. 酸性火山岩测井评价技术

第一方面：岩性复杂是火山岩评价的最大难点之一，针对这一难点，研究形成了火山岩地质分类和命名系统，以此为依据形成了三维火山岩岩性识别技术，彻底解决了在二维平面上无法准确识别火山岩岩性的难题，建立了一整套的ECS处理解释方法，掌握了火山岩岩性识别的世界领先技术，从而更能准确确定火山岩岩性。第二方面：针对饱和度求取难题，通过与中国石油勘探开发研究院合作，首次在国际上建立了非均质复杂岩性储层基质孔隙度、饱和度精确定量计算的理论模型和表征方法，形成了评价火山岩储层的理论基础，以此为依据，提出用高温高压全直径岩心实验结果优化确定电阻率—含油气饱和度关系通解方程最佳截断形式的科学思路，将复杂的理论方程转化为可供现场实际应用的逼近公式，发明了基于全直径岩心实验的火山岩基质饱和度计算模型优化技术，利用该技术计算的含气饱和度与密闭取心井资料对比，平均绝对误差为6.0%。第三方面：针对储层参数确定难题，通过优化测井系列，采用常规、核磁测井计算孔隙度、渗透率，核磁测井评价孔隙结构类型，电成像测井评价裂缝参数，XMAC（DSI）评价裂缝有效性，通过大量实验分析，确定了火山岩储层物性参数计算方法，实现了基质孔隙度、渗透率的定量计算，提出用实际成像测井仪在人工建造的微裂缝模拟井中测量，进而对比得出图像裂缝与真实裂缝的准确关系，在可检验基础上建立更可靠裂缝参数计算方法的科学思路，发明了基于模拟井实体刻度的火山岩裂缝孔隙度定量评价技术，计算结果达到储量提交的要求。第四方面：针对流体性质识别难点，依据理论研究、结合现场实际建立了解释评价流程，即从岩性识别入手，应用多井对比分析技术，进行单井储层参数求取，流体性质识别、气水系统识别，在同一气水系统内，准确求取储层含水饱和度，提出科学合理的试气层位的火山岩测井解释流程。一方面应用常规、核磁和交叉偶极子声波资料建立了火山岩流体性质定性识别方法，另一方面应用求得的含气饱和度建立了火山岩流体性质定量评价方法，形成了一套较为完善的流体识别技术，使火山岩储层测井综合解释符合率高达90%以上[7]。

2008年，"酸性火山岩测井解释理论、方法与应用"获国家科学技术进步奖二等奖，主要完成单位为大庆石油管理局，主要贡献者为：李宁、陶宏根、卢怀宝、王宏建、李庆峰、赵杰、乔德新、周灿灿、刘传平、董丽欣。本项目首次在国际上提出非均匀各向异性体积模型，导出并实验验证了电阻率—孔隙度、电阻率—含油气饱和度关系的一般形式（通解方程），证明Archie、Waxman-Smits和Clavier等经典公式都是该通解方程在一定条件下的特例，从而解决了非均质复杂岩性基质孔隙度、饱和度精确定量计算难题，建立了火山岩测井解释的理论基础。

2. 中基性火山岩测井评价技术

2006年，达深3井中基性火山岩MFE-Ⅱ自喷获得日产气$5.6017\times10^4m^3$工业气流，松辽盆地北部深层徐家围子断陷安达地区发现了中基性火山岩气藏。随着达深3井、达深4井等井试气获得高产工业气流后，中基性火山岩逐渐成为勘探开发的主力储层，与酸性火山岩相比，中基性火山岩储层的岩性、气水层测井响应特征、导电机理等更复杂，骨架参数变化大，非均质性强；岩石容易发生蚀变，蚀变引起低阻矿物充填孔隙空间，测井响应受岩性影响大，流体响应弱，储层评价困难。研究人员以大量岩石实验分析为依据，在开展储层四性关系研究的基础上，应用常规测井识别岩石组分，成像测井识别火山岩的结构、构造，研制了"成分+结构"的岩性识别图版和标准，其中ECS测井法较好地解决了中基性火山岩过渡岩性及沉积岩的识别问题，解释符合率达89.6%。在测井响应机理研究的基础上，针对岩性复杂、储层非均质性强、岩石蚀变严重、导电矿物影响等困难，首次研制了双密度重叠、核磁—密度组合、横纵波时差比值及电阻率重构等方法综合判断储层流体性质，解释符合率达90%，取得了较好的应用效果。针对中基性火山岩岩石骨架变化大的特点，采用了变骨架参数法建立有效孔隙度解释模型，计算结果与岩心分析孔隙度匹配较好。针对导电机理复杂的特点，以岩电实验和 Archie 公式为基础，建立基于背景导电的含气饱和度模型，结果与单层试气资料对比匹配较好。最后，以常规测井和测试资料为基础，优选有效厚度、储层分类指数两个参数建立了储层分类标准，为射孔选层及产能预测提供技术支撑。该研究成果已应用到 2007 年、2008 年、2010 年、2016 年徐深气田提交 $800 \times 10^8 m^3$ 预测地质储量、$800 \times 10^8 m^3$ 控制地质储量和 $1000 \times 10^8 m^3$ 探明地质储量、开发方案编制及测井综合解释中，具有较好的经济效益和社会效益。

2011 年，首次发现松辽盆地深层中基性火山岩分布广，普遍含气，但储层物性差，需通过打水平井获得较好的产能。另外已经探明的 $2000 \times 10^8 m^3$ 储量中，有较大比例的储量区需要采用水平井技术进行开发，由于水平井井眼在地层的空间位置不同于垂直井，地层存在各向异性，水平井测井环境的变化，使得其测井响应与直井存在较大差异，火山岩水平井测井解释符合率仅为 77.8%，再次制约了火山岩勘探开发。以 AziTrak 探边为刻度，测井与地震资料相结合，实现了井眼轨迹准确归位，确定了井眼上下距储层边界距离；研发了具有国际水平适合于火山岩地层模型（对称、非对称）水平井测井探测特性正演方法和软件，建立了基于井眼轨迹的火山岩储层水平井测井资料逐点校正方法；以火山岩储层水平井测井校正资料为基础，针对水平井测井系列，形成了一套火山岩储层水平井测井评价技术；开发了一套水平井测井综合处理解释软件，提高火山岩水平井测井解释符合率。成果已全面应用，提供更加准确的储层参数，有效指导了水平井试油的分段、分簇的压裂改造及地层可压性评价。储层参数解释精度的提高为油气层及油气藏的及时发现、地质认识的深化和试油成本的大幅度降低等天然气勘探开发工作提供了技术保障。

火山岩测井评价技术填补了国内技术空白，为徐深气田发现、开发作出了重大贡献，对国内同类储层评价起到借鉴作用。该项技术的全面推广应用，解决了大庆深层火山岩储层划分、岩性识别和流体识别等长期存在的难题。到目前为止，对大庆深层 200 多口井的评价效果显著，首次提供出准确的基质孔隙度、裂缝孔隙度、渗透率、有效厚度、含油气饱和度等基础参数，为天然气储量计算提供了有利的手段。2005年，提交了庆深气田的第一个$1000×10^8m^3$天然气探明地质储量，2007年提交了庆深气田的第二个$1000×10^8m^3$天然气探明地质储量，2017年提交了庆深气田$500×10^8m^3$天然气探明地质储量。

三、潜山裂缝及含凝灰储层测井评价技术

海拉尔盆地的苏德尔特油田布达特群为双孔介质储层，以裂缝和溶蚀孔洞为主，且岩性复杂，部分岩石变质，因此，有效储层识别和储量参数的确定成为储量提交和油田有效开发的关键技术；塔木察格盆地南贝尔油田岩性复杂，包括沉积岩、火山碎屑沉积岩，以及火山碎屑岩等多种岩石类型，储层为中—低孔隙度、低渗透—特低渗透型，非均质性强，并且油藏控制因素复杂，导致储层岩性和流体性质的识别难度大[8]。为此，利用测井资料准确判断岩性、识别储层流体，并在此基础上进行有效的储层分类评价，成为南贝尔油田勘探和后续合理开发的关键技术和亟待解决的关键问题。针对海拉尔盆地已开发油田（贝中油田、乌尔逊油田、苏仁诺尔油田、苏德尔特油田和塔南油田）在勘探阶段形成的油水层识别图版不能完全满足开发的需要，以及有效厚度与产能匹配关系差等问题，大庆油田勘探开发研究院地球物理测井室开展了海塔盆地已开发油田测井精细评价研究。

1. 潜山裂缝储层测井评价技术

针对苏德尔特油田布达特群储层的具体特点，应用大量的取心、试油、生产资料，在储层四性特征研究的基础上，开展了布达特群岩性识别方法研究，应用支持向量机法实现了布达特群复杂岩性的识别；开展了裂缝性储层的双侧向测井响应数值模拟研究，结合裂缝在常规测井资料上的响应特征，应用三孔隙度比值法、电阻率差比法、曲线变化率法，以及综合概率法，实现了利用常规测井资料识别裂缝储层；应用电成像裂缝识别技术和孔隙度频谱分析技术，结合交叉偶极子声波资料判断裂缝有效性，实现了利用特殊测井资料识别裂缝储层；在此基础上，通过纵向分油组、横向分区块消除了岩性和裂缝发育情况对油水层判别的影响，优选测井参数，建立油水层识别图版，并结合录井资料，综合判别储层流体性质，提高了裂缝性储层油水层识

别符合率，应用单井处理结果和测试资料，实现了裂缝性储层的有效厚度分类划分及产能预测。

2. 含凝灰复杂储层测井评价技术

以交会图技术作为基本出发点，优化岩性识别参数，采用支持向量机方法建立了岩性判别模型，实现了对复杂储层岩性的测井识别；进行了储层参数解释方法研究，对孔隙度、泥质含量等的求取给定了有效的解释模型；基于岩石物理实验，对含油饱和度模型开展了研究，建立了变参数阿尔奇模型和密闭取心井刻度的饱和度模型；开展了储层流体识别方法研究，通过对影响流体识别的岩性、地层水矿化度、孔隙结构等多种因素的分析，以泥质校正后的视深侧向电阻率与测井计算有效孔隙度建立"砂泥组合识别流体"方法，该方法实现了不同岩性、不同层位、不同类别储层的流体识别，同时建立了"视地层水电阻率比值识别流体"方法，该方法消除了储层孔隙结构和地层水矿化度的影响，扩大了油水层的电阻率差异，突出了含油信息，实现了在复杂孔隙结构和地层水矿化度变化大的地区对流体的有效识别；在以上研究工作基础上开展了储层分类标准研究，以地质资料为基础，综合测井、测试、岩心分析、储层参数解释等资料，通过深入分析各类储层的微观孔喉特征与测井响应的关系，利用孔隙度指数、压汞指数和排驱压力三个表征储层特征的参数与压汞资料建立了储层的岩心分类标准，利用不同类别储层在测井曲线上的不同响应特征，分别建立了应用特殊测井资料和常规测井资料的储层测井分类标准，实现了研究区复杂储层的分类评价。

应用该技术对南贝尔地区的 68 口探评井共 574 层进行了测井综合处理解释，岩性识别精度达到 86.2%、油水解释符合率达到 84.0%，较好地解决了南贝尔地区岩性、流体、有效储层识别的技术难题，为储量的提交和开发方案编制提供了技术支持。

四、水淹层测井评价技术

21 世纪初，油田开发面临新的地质难题：一方面大庆长垣老区进入特高含水期，地下油水分布特点是剩余油高度分散，高含水区域和低含水区域分布无序，油水界面和油水驱替前缘已不复存在，超薄层剩余油挖潜成为老区三次加密期的主要测井任务；另一方面外围低孔渗油田陆续进入加密调整期，低孔渗水淹层的判别问题迫在眉睫。针对长垣和外围油田上述不同的地质情况，测井解释人员相继开展了松辽盆地外围低渗透油层水淹层解释技术研究，以及长垣南部水淹层测井解释方法研究工作，满足油田开发后期的地质需求。

1. 长垣外围低渗透油田水淹层测井解释技术研究

外围低渗透储层属于低孔隙度、低渗透砂泥岩储层，层薄，以泥质、钙质胶结为主，岩性较致密，裂缝较发育。针对外围低渗透水淹油田的地质、开发特征，以及测井系列，大庆测井公司持续开展了多项水淹层测井解释方法研究。2002—2005年，大庆测井公司尤树文、杜宗君等先后开展了"升平油田水淹层测井解释方法研究""大庆东部低渗透油田水淹层测井解释方法研究"，这些成果，针对升平油田葡萄花油层和扶杨油层的低孔隙度、低渗透率、高束缚水、低含油饱和度的地质特点，结合岩电实验分析成果，提出了一套利用常规测井曲线识别水淹层的解释方法；利用储层参数建立了研究区块水淹层解释图版，水淹层解释符合率达80%。为了改善大庆长垣外围总体开发效果，满足加密调整井射孔选层的需求，大庆油田勘探开发研究院地球物理测井室针对大庆长垣外围西部萨尔图—葡萄花油层重点区块，开展了水淹层解释方法研究。在对研究区储层特征综合分析的基础上，应用概率图法将储层划分为三类，通过开展油藏条件下导电机理实验，搞清不同岩石物理相储层水淹过程中电性响应变化规律；在水淹层定性识别方法研究中，应用孔隙度和电阻率测井曲线重叠法，建立了四种不同韵律油层的水淹模型，从而实现对储层含油气性或含水性信息的定性判断，并以此为基础，分三类储层建立了较完善的水淹层测井解释标准；在水淹层测井定量评价中，以饱和度评价为核心，创新发展了混合泥质含钙砂岩有效介质通用电阻率模型，形成了大庆长垣外围西部萨尔图—葡萄花油层水淹层测井解释技术，为今后大庆长垣外围西部萨尔图—葡萄花油层的剩余油描述和油田挖潜提供技术保障。2015—2017年外围东部油田加密调整工作量以宋芳屯、卫星、徐家围子、朝阳沟4个油田为主，这些油田逐渐进入中高含水期，"十三五"期间规划完钻加密调整井共计2223口，由于这些油田具有规模小、区块多、储层变化快、物性差异大的特点，需要深入开展水淹层测井解释技术研究。首先模拟油藏条件开展岩电实验、相渗实验、核磁共振实验、多矿化度水驱油实验，在此基础上详细地分析了低孔隙度、低渗透储层在水驱条件下电学性质的差异性，系统地总结出各类储层水淹后电阻率随含水饱和度的变化规律，进而为建立剩余油饱和度测井解释模型提供理论依据。基于检查井分析资料，按照均质韵律、正韵律、反韵律三种韵律形态分别建立了水淹层测井响应特征模式。应用 FZI 资料、毛细管压力曲线资料及核磁共振资料建立了储层分类标准，宋芳屯、卫星、徐家围子油田葡萄花油层分为三类，朝阳沟油田扶余油层平面上分为三类区块，各区块内的储层分为两类，并应用自然伽马和声波时差建立了相应的测井分类标准。应用束缚水饱和度与电阻率，研制了水淹层定性判别标准，宋芳屯、卫星、徐家围子油田葡萄花油层分区、分不同储层及厚度类型分别建立水淹层定性解释标准；朝阳沟油田扶余油层分Ⅰ类、Ⅱ类、Ⅲ类区块建立水淹层定性解释标准。基于岩石物理实验，利用岩心分析、相渗实验分析等资料，在储层分类的基础上，应用图版法建立地质条件约束下的储层有效孔隙度、空气渗透率、泥质含量、原始含水饱和度、目前含水饱和度、含水率等参数测井解释模型，其中在饱和度解释模型方面，创新发展了印度尼西亚模型，提高了含水饱和度的解释精度，实现了水淹层的定量解释。该模型基于储层分类，优选不同的模型参数，并基于水淹层定性解释标准，依据不同水淹级别给出相应的混合液电阻率。形成了外围东部油田水淹层解释技术，按弱未、中、高三级判断，水淹层解释符合率达到 78.3%。为大庆长垣外围东部加密井调整及下一步堵水、补孔等措施提供了技术支持。

2. 凝灰质砂砾岩储层水淹层解释方法研究

呼和诺仁油田为近岸浅水环境下的扇三角洲相沉积，储层岩性复杂，以砂岩、砂砾岩为主，储层中蒙皂石含量高，水敏现象突出。为了实现储层正常注水开发，在注入水中加入了一定浓度的黏稳剂。大庆油田勘探开发研究院地球物理测井室针对储层非均质性强、孔隙结构复杂、利用测井资料评价水淹层难度大的问题，开展了水淹层解释方法研究。以油藏条件下注黏稳剂岩石物理实验研究为指导，分析了注入黏稳剂条件下的岩石导电机理，建立了一套地质条件约束下储层参数测井解释模型；在压汞资料、岩电实验研究的基础上，建立了一套根据常规测井资料解释凝灰质砂砾岩水淹层的方法；在对贝301区块注黏稳剂开发特征进行研究的基础上，利用动态测试、水淹层测井解释结果，详细研究了油藏的水淹特征及剩余油分布规律，不仅为油田开发下一步的措施提供了地质依据，而且为呼和诺仁油田储层剩余油描述和油田挖潜提供了技术保障。

3. 特高含水期厚油层内部水淹层细分测井解释方法

面对特高含水阶段大庆长垣喇萨杏油田厚油层水淹层测井解释仍面临诸多难题，一是储层非均质性强，剩余油分布极其分散，水淹程度呈相间分布，准确识别厚油层内水淹部位难；二是油田综合含水率高达90%以上，而水淹层测井解释原来评价水淹级别的标准已经不适用，对于含水率大于80.0%的强水淹层还能找到射孔潜力层。大庆油田勘探开发研究院地球物理测井室针对这些难题，以萨中油田为重点研究区块，以2m以上厚油层为主要研究对象，针对目前特高含水期水淹层测井解释难点，以油藏条件下岩石物理实验研究为指导，在综合分析水淹层测井响应特征的基础上，结合密闭取心资料、单层试油资料，建立了厚层内部水淹层细分解释原则，并利用驱油效率界定了未、弱、中、高、特高五级水淹解释标准和含水率预测模型；基于岩电实验和对称各向异性导电理论，建立了有效介质通用对称电阻率模型，提高了目前含水饱和度的计算精度；分油层组、分储层类型建立了水驱、聚合物驱、三元复合驱参数解释模型及水淹层定性、定量解释标准，基于SDK开发平台编写C＋＋编译程序，实现了孔隙度、渗透率、饱和度参数逐点连续处理和水淹级别的细分解释。研究成果不仅可以应用于喇嘛甸、萨北、萨南等油田厚油层细分解释中，而且对于二类、三类储层水淹层测井解释也具有一定的指导、借鉴意义。

4. 化学驱储层水淹层测井解释方法研究

大庆长垣喇萨杏油田聚合物驱后油层内仍存在大量剩余油，是油田开发调整的主要对象。大庆油田勘探开发研究院地球物理测井室针对化学驱后储层的测井响应与水驱相比存在差异，开展了水淹层解释方法研究。通过对化学驱岩石物理实验进行机理分析，总结了化学驱储层测井响应特征，形成了化学驱受效识别方法。结合储层测井响应特征，应用韵律类型、层内部位指示曲线，以及反应储层性质的特征曲线，采用自组织图形聚类分析方法（SOM）实现三元复合驱后水淹层评价方法。采用累积概率分布和岩石物理相划分相结合的方法，建立渗透率精细解释模型，提高了参数计算精度。选用基于计算混合物介电性质的有效介质饱和度模型，根据岩电实验、检查井、MDT资料优化模型参数，降低了目前含水饱和度平均绝对误差，实现了剩余油定量评价。为将解释方法有形化，开发了水淹精细解释微机软件模块，实现了单井自动处理，提高了工作效率。研究成果可为特高含水期聚合物驱、三元复合驱剩余油评价及进一步提质提效挖潜提供有力的技术支持。

5. 微机版水淹层测井资料处理解释软件平台

随着计算机技术的飞速发展，为了紧跟测井技术的发展方向，摆脱对国外测井软件的依赖，2001—2003年，大庆测井公司形成了一套以网络和数据库管理系统为基础、以调整井水淹层单井精细评价为主、功能较全面的微机版水淹层处理解释软件平台，软件系统是在微机Windows平台上，具有独立知识产权，采用C/S体系结构，以单井精细评价为主，是一款功能全面的测井资料处理解释软件。"测井资料处理解释数据库及工具软件开发"2003年获大庆石油管理局科学技术进步奖一等奖。

2002年后，大庆测井公司在"工作站调整井单井解释系统"基础上，升级完善程序，开发形成了一套以网络和数据库管理系统为基础、以单井精细评价为主、功能较全面的微机版水淹层测井资料处理解释软件平台[9]。该系统是一套集数据库、工具软件及应用技术为一体的测井资料处理解释软件平台，在原有工作站版本平台技术基础上增加了数据库管理、应用框架、应用技术集成等部分，其功能设计和实现充分考虑了油田生产的实际需要，更具实用性。该平台从2004年推广以来，在第一采油厂至第六采油厂，以及外围采油厂（第七采油厂和第十采油厂）、大庆测井公司和大庆油田勘探开发研究院共安装100多套，累计处理生产井一万多口，提高工效3倍左右，水淹层综合解释符合率达75%以上。实践证明，该软件平台无论是软件功能还是解释方法与国内同级别软件相比，具有自己的特色，使大庆油田调整井水淹层测井解释工作上升到一个新台阶。

五、MDT 测试资料处理解释及产能预测技术

2000年，斯伦贝谢公司开始为大庆油田提供MDT测试服务。当时MDT资料解释全部由斯伦贝谢公司人员完成。从2004年8月开始，大庆油田勘探开发研究院地球物理测井室着手自主研发了MDT测试资料处理解释技术——MDT测试资料解释软件PROVT，自此自主MDT解释技术实现了从无到有，独立完成与斯伦贝谢对等的地层压力解释技术，使PROVT软件与国际技术水平看齐，居国内领先的地位。

针对油气田地质条件复杂、油水识别难的突出问题，自主研发了"求取地层压力+识别流体+确定厚度界限+预测产能"的特色解释技术，形成地层测试从测点的设计、资料的处理解释到综合应用一套较完整的体系，具有处理解释软件、专利技术和企业标准。地层测试技术现属于主体技术测井工程，勘探开发研究院重要的特色技术系列之一，国际领先，能处理解释最新的国际、国内大部分仪器的数据。通过不懈的努力，发展出了包括地层压力特征段分析和流体识别处理解释技术、流体光谱分析识别技术、地层测试质量分析技术、地层压力剖面分析技术、单层产能预测技术、综合产能预测技术、地层压力数值模拟处理解释技术、地层流体取样技术、测前测点设计技术、地层流体样品化验分析技术、地层测试资料处理解释软件开发技术、地层测试资料审核、验收和处理解释标准、地层测试仪器研发技术、需求分析和设计技术、地层测试资料区域综合分析评价技术、地层测试取样样品无损记录取证技术和地层测试仪器参数分析评价技术等16项系列技术。

该项目创新了MDT测试的数值模拟解释技术，创新了流体动态光谱分析法识别技术，创新了利用MDT测试资料的产能预测技术，获得国家发明专利1项，软件著作权1项。PROVT是国内唯一的现场应用的自主MDT测试解释软件，它取代国外公司完成2008年至今大庆油田全部MDT测试资料的解释任务，累计完成地层测试资料处理解释500多井次，分析识别地层流体1500多个，确定10000多个疑难层位的流体性质，减少了试油，取得了显著的经济效益和社会效益。该技术是油田精细勘探、评价和开发的利器，代表测试领域的

重要发展方向。

六、碳酸盐岩储层测井评价技术

随着走出去发展战略实施，塔东、四川、海外等区块成为大庆油田重要的资源接替领域，碳酸盐岩储层逐渐成为研究的主要对象。2012 年完钻的古城 6 井、2013 年完钻的古城 8 井及 2014 年完钻的古城 9 井在古生界奥陶系碳酸盐岩获得工业气流，实现了塔东古城地区碳酸盐岩勘探的突破。因此，2015 年，大庆油田勘探开发研究院地球物理测井室与中油测井大庆分公司针对塔东碳酸盐岩储层岩性复杂、储层类型多样的特点开展了测井评价技术攻关，建立了包括岩性定量识别、储层参数计算、储集类型划分及储层有效性识别、气水层识别等在内的一套碳酸盐岩储层测井评价技术，该技术成果为塔东古城地区在 2018 年 $261.2 \times 10^8 m^3$ 碳酸盐岩储层天然气地质储量的提交奠定了基础。

1. 塔东古城地区碳酸盐岩储层岩性定量识别技术

应用常规测井和 ECS 测井资料优化组合，建立了碳酸盐岩储层矿物组分定量计算方法，实现了硅质岩、白云岩和石灰岩的有效识别和矿物组分含量的定量计算。通过目前 11 口井的处理与取心资料对比分析，岩性识别准确率 100%，矿物组分定量评价技术求取的矿物组分含量与岩心全岩分析资料对比，平均绝对误差 3.9%。

2. 塔东古城地区碳酸盐岩储层储量参数计算方法

在准确计算矿物组分含量的基础上，通过矿物组分含量与其骨架参数理论值加权平均的方法实现动态计算岩石骨架参数，即采用变骨架法消除岩性影响，然后采用中子密度孔隙度结合消除含气影响，形成有效孔隙度计算模型，平均绝对误差为 0.19%。裂缝孔隙度采用两种方法计算：（1）应用成像测井资料裂缝识别处理得到裂缝孔隙度；（2）应用常规测井资料双侧向曲线采用有限元法建立了塔东碳酸盐岩储层的双侧向裂缝孔隙度计算模型。在成像测井资料刻度储层类型的基础上，应用有效孔隙度和裂缝孔隙度参数建立了储集类型划分图版，然后针对不同储集类型建立不同饱和度模型，孔洞型储层采用阿尔奇公式计算含气饱和度，裂缝型储层含气饱和度确定为 90%，裂缝孔洞型储层采用并联法双重孔隙结构导电模型计算含气饱和度，计算结果与核磁和压汞分析饱和度对比吻合较好，绝对误差为2.3%。

3. 塔东古城地区碳酸盐岩储层有效性识别技术

应用最小孔喉半径法、孔饱关系、测试法，以及类比法，综合确定古城地区碳酸盐岩储层物性下限，应用成像孔隙度谱法和XMAC斯通利波衰减法形成了储层有效性评价方法，并结合试气资料将储层分为三类。

4. 塔东古城地区碳酸盐岩储层气水层识别技术

针对有效储层，应用视地层水电阻率谱法、深侧向电阻率与孔隙度交会图版法识别流体性质，经邻区塔中区块天然气储层6口井12层测试资料验证，流体识别精度达到91.7%。

七、川渝碳酸盐岩、页岩油气解释评价技术

1. 川渝碳酸盐岩测井评价

在大庆油田进入川渝流转区块伊始，碳酸盐岩作为四川盆地主力油气藏储层，就受到了非常重视。通过不停地摸索并借鉴西南油气田公司、塔里木油田公司的碳酸盐岩测井解释技术，进一步技术攻关，形成了川渝碳酸盐岩储层测井评价方法，基本满足勘探测井评价需求。

2017年，大庆油田公司承接以碳酸盐岩油气藏为主的川渝流转区块，成为大庆油田"稳油增气"的接替战场。解释研究人员收集区域地质、测录井、试油及实验分析资料，形成川渝历史资料库，为下一步技术攻关提供保障。2018年，大庆油田勘探开发研究院地球物理测井室与中油测井大庆分公司以区域资料为基础，以风险探井潼探1井为契机，初步确定骨架参数，建立岩性、流体识别图版等储层评价方法，完成潼探1井三次完井解释评价工作，在茅口组二段、茅口组三段解释差气层4层，酸化压裂后获日产气$8.6 \times 10^4 m^3$，茅口组一段解释差气层2层，酸化压裂后获日产气$31.06 \times 10^4 m^3$，实现茅口组一段碳酸盐岩储层解释突破。2019年，通过对仪陇—平昌区块50口老井资料进行重新处理和区域综合评价，建立仪陇—平昌区块碳酸盐岩岩性识别标准、储层参数计算方法，并分层组建立储层流体性质识别图版，满足老井储量参数再评价需

要。2020年，深化完善碳酸盐岩储层有效性评价研究，建立茅口组和栖霞组碳酸盐岩储层精细评价方法，利用微电阻率扫描成像结合常规资料，建立基于缝洞图像分割技术、电导率频谱分析技术及次生孔隙有效性评价方法；基于阵列声波测井资料，优选纵波能量衰减、拉梅系数及体积模量等敏感参数，形成碳酸盐岩储层气层识别技术，完善了碳酸盐岩储层识别和流体性质评价技术。技术成果应用于合深4井等9口新井，测井解释符合率达90.9%。2021年，形成以次生孔隙精细评价+缝洞碳酸盐岩双孔隙介质饱和度计算为核心的解释技术，解释合川—潼南二叠系下统栖霞组—茅口组的直井8口探井，4口井试气获得高产气流，其中潼深4井茅口组二段储层成像资料显示两层溶蚀孔发育，电导率谱显示次生孔隙连通性好，斯通利波衰减幅度明显，计算含气饱和度值高，解释为气层，经酸化压裂求产，获测试日产气$205 \times 10^4 m^3$的高产工业气流。同年，定量评价非均质性强的合川—潼南地区灯影组储层原生孔隙、次生孔隙等物性参数，建立灯影组多参数、立体式碳酸盐岩储层有效性评价方法，建议在合深5井解释的差气层段和气层段试气，经酸化压裂求产，获测试日产气$120 \times 10^4 m^3$高产工业气流，实现灯影组勘探新突破。2022年完成新井储层解释11口，试气7口28层，符合28层，储层识别解释符合率100%，为茅口组、栖霞组和灯影组储量参数计算提供技术支撑。

2. 川渝页岩油测井评价

川渝流转区块平安1井在侏罗系页岩油获得巨大突破，揭示了四川盆地侏罗系广泛发育的湖相页岩的巨大油气勘探潜力，有望推动四川盆地石油勘探再上新台阶。大庆油田非常重视川渝页岩油气的测井评价工作，通过不停地摸索并借鉴西南油气田公司及大庆古龙页岩的页岩油测井评价方法，进一步技术攻关，初步形成川渝页岩油测井评价方法，基本满足勘探测井评价需求。2019年4月大庆油田取得仪陇—平昌区块探矿权，12月针对侏罗系页岩油储层部署平安1井风险井，于2019年12月27日平安1井（导眼）开钻，2020年6月27日平安1井（导眼）完钻。借鉴西南油气田公司及古龙页岩油评价方法，基于平安1井的岩心分析和测井资料，初步建立了总有机碳含量（TOC）、游离烃含量（S_1）的计算方法。借鉴西南页岩油标准和古龙页岩油评价标准，对平安1

导眼井进行评价。根据评价结果优选凉高山组页岩储层为水平井靶层。2020年8月18日，平安1井水平井开钻，2020年11月12日完钻，完钻井深3980m，水平段长817m，录井见气测异常450m/24层，气测全烃1.06%~75.82%。凉高山组造斜段长295m，其中水平段见黑灰和深灰色泥岩515m、粉砂质泥岩91m、灰色粉砂岩和泥质粉砂岩211m，砂岩整体含油性差，含油砂岩钻遇率26.9%。应用凉高山组页岩油评价方法，对平安1井水平井的储集性、含油性、可动性和可压性精细评价，为压裂选层提供依据，共解释页岩油层800.9m/30层，致密砂岩气层273.9m/6层，压裂试油获得日产油112m^3、日产气11×10^{4}m^3。在平安1井水平井试气资料的基础上，借鉴古龙页岩油测井评价技术思路，基于仪陇—平昌区块凉高山组现有的岩心分析和测井资料，初步建立了页岩油储层参数的计算方法和富集层分类划分标准，形成了凉高山组页岩油及致密气储层解释标准，基本满足了侏罗系页岩油勘探评价的需要。

八、古龙页岩油储层测井评价技术

大庆油田经过60多年的高效勘探开发，依靠常规油实现了长期稳产，目前面临产量递减、储采失衡的严重问题，油田生产形势严峻，油田长远发展受到挑战。但是松北常规油探明率已经达到68.35%，致密油资源规模小，不足以形成战略接替，难以保障油田稳定持续发展。古龙页岩油体量巨大，目前估算资源量151.36×10^{8}t，必将成为百年油田建设的战略资源保障。

早在20世纪80年代，就曾对泥页岩进行研究，但受理论认识和技术局限，单井出油有限，当时认为勘探风险高，商业开发价值有限，测井也停下了研究的脚步。

迫于油田产量逐年递减严重的形势，大庆油田人对于页岩油的勘探没有死心。2018年，通过对50年前的古龙地区的岩心进行分析研究，提出大胆设想，要把页岩生出来没运移出去的这部分油开采出来，由此大庆油田勘探向源内青山口组页岩油进军，成功部署古页1井，这是大庆油田部署的一口直井预探井，钻探目的和任务为深化古龙凹陷深部位青山口组泥页岩油储集性、含油性、可动性、可压性认识，明确泥页岩油富集规律。作为大庆油田纯页岩型油藏先驱井，有别于国内外其他页岩油藏，常规及非常规测井评价方法不能有效适用于古龙凹陷纯页岩型油藏，以古页1井为开端，在互层型、夹层型页岩油、泥页岩油勘探获得高产工业油流后，针对松辽盆地北部青山口组广泛分布的深湖相纯页岩型油藏开展探索。古龙页岩油为页岩型页岩油，不同于国内外已开发的夹层型和混积型页岩油，没有成熟的理论技术可供借鉴。大庆油田勘探开发研究院地球物理测井室与中油测井大庆分公司合作开展技术攻关，设立"泥页岩油甜点评价技术研究"项目，打破传统常规油认识，开展泥页岩油"甜点"评价技术研究，形成了一套适合该地区的泥页岩油储集性、含油性、可动性、可压性测井解释评价技术，建立了泥页岩储层"甜点"参数测井评价标准，成功解释古页1井，结合常规5700、岩性扫描、核磁、电成像、阵列声波测井资料解释一类储层98.6m/12层，二类储层74.0m/13层，青山口组试油132m/12层，压后自喷，获得日产油2.48t，日产气9276.3m³工业油气流，坚定了页岩油勘探的信心。

2019年，借鉴国内外先进测井评价体系，中油测井大庆分公司以岩石物理实验数据为基础，划分泥页岩不同矿物组分，建立泥页岩储层测井"四性"评价方法和储层分类方法，提高泥页岩参数计算精度；建立以孔隙度、总有机碳含量（TOC）、游离烃含量（S_1）等为主要参数的储层品质评价，以脆性指数、压力系数、压裂方式为基础的工程品质评价标准和储层分类图版，形成页岩油测井技术评价方法，包括结合成像测井资料建立岩性识别图版；利用核磁资料评价储层孔隙度及孔隙结构分布；在矿物组分优化基础上，采用岩性扫描解释方法可以更准确地求取无机碳含量，进而提高有机碳含量计算的精度；创新将地化参数S_1引入指示页岩油含油性；优选古页1井青一段底部Q_2—Q_3的65号、63号层为靶层钻进古页油平1井，完钻井深4300m，垂深2559.35m，水平段长1562m，解释页岩油一类储层1351.6m/15层，二类储层210.4m/2层。开井9d后3.6mm油嘴下见油，最高日产油38.1m³，最高日产气1.3032×10⁴m³，开井630d，套压10.29MPa，油压10.2MPa，累计产油7528.05m³，累计产气385.8772×10⁴m³，返排率59.54%，助力古龙页岩油勘探取得重大突破，获得中国石油天然气集团公司勘探开发特等奖。古页油平1井的高产展现了陆相页岩油广阔的资源前景。

2020年，大庆油田围绕获得重大突破的古页油平1井，开辟高油气比开发试验先导区，成立"古龙页岩油1号试验区"，打响古龙页岩勘探开发新会战。通过与古龙页岩指挥部密切沟通了解地质需求，中油测井大庆分公司与勘探开发研究院通力合作，继续开展技术攻关，通过大庆油田公司科研项目"松辽盆地北部古龙页岩油甜点特征与评价技术"和大庆测井公司级项目"古龙页岩油藏测井评价技术"研究，在2019年测井"四性"评价的基础上，持续改进、完善测井评价方法，及时应用于生产中，取得了较好效果。在含油性评价、可动性评价和可压性评价的关键参数求取方法和采用三维感应测井识别古龙页岩含气性方面取得重要认识进展。

（1）夯实含油性评价基础参数：分区、分井况改进有机碳模型。

（2）改进含油性评价关键参数：按成熟度建立S_1计算模型。

（3）创新含油性评价储量参数：建立非电法饱和度模型。

（4）可动性评价关键：改进考虑有机质影响的地层压力定量计算模型。

（5）可动性评价新认识：孔隙结构与含油性之间的关系。

（6）可压性评价新指标：基于三轴实验可压裂性指数。

（7）直平井声电各向异性校正，提升水平井处理解释精度。

（8）三维感应测井技术在古龙页岩含油气性识别见到良好效果。

古页2HC井，通过对导眼井储集性、含油性、可动性和可压性精细评价，认为青一段底部105号层为最有利储层，进行水平钻井后，及时跟踪评价，解释页岩油一类层2020m/42层，通过3.6mm油嘴放喷求产，最高折算日产油21.6m³，最高日产气5495m³，套压5.1MPa。成功助力古龙页岩油勘探取得进一步突破。解释技术借鉴于川渝流转区块，成功选定平安1井10号、11号层为有利靶层。

2021年，随着页岩油勘探形势逐渐向好，按照"十四五"页岩油部署规划，计划钻井100口，优先在古页1井周围轻质油带及周边稀油带部署探评井40口，建立5个试验井组60口水平井。为了满足生产及技术需求，加快科研攻关进度，大庆油田设立中国石油天然气股份有限公司重大专项专题"古龙页岩油测井表征技术研究"和股份公司攻关项目"松辽古龙页岩油甜点评价方法与技术"

两个科研项目，将原先的"四性"评价进一步细化为古龙页岩"七性"评价，针对古龙页岩地质及测井评价难点，挖掘常规测井及成像系列测井资料应用，在以下几个方面取得了突破。

（1）针对页岩油有纳米孔为主、纹层页理发育等特点，优化了直平井测井采集系列，优选高精度常规测井系列和回波间隔较小的 CMR 和 CMR-NG 等特殊测井项目。（2）通过对比分析古页 8HC 全直径岩心核磁扫描、核磁共振测井的孔饱解释结果和岩心实验有效孔隙度、总孔隙度等分析结果，在考虑实验温度、洗油试剂和轻烃散失等影响基础上，完善了实验室高黏土页岩孔隙度、饱和度实验步骤和方法，并基于二维核磁盲源分离流体分布和介电测井资料建立了古龙页岩油考虑小孔含油的饱和度测井解释模型。（3）通过研究全直径岩心二维核磁时间推移和含油性指示参数 S_1 与核磁区间孔隙度相关性分析，明确了核磁大孔孔隙度 T2 截止值为 8ms，对应孔径在 50nm 左右。（4）针对古龙页岩储层可压裂性特征，建立了矿物+弹性参数的脆性评价方法以及各向异性地应力模型，完善了可压裂性测井评价方法，在 2021 年完成的 23 口水平井解释评价中，提供了准确的破裂压力、最大、最小主应力、应力差等地应力参数，为水平井压裂提供重要参数。（5）以地质富集、工程可压、经济可动为指导思想，确定了以大孔隙、高游离烃 S_1、高可压性三要素为核心的综合甜点指数计算模型，实现了甜点精确优选。

2021 年在 60 余口新钻页岩油探评井和水平井及 190 口老井复查中全面应用，满足页岩油勘探地质及生产需求，在富集层评价、试油选层、压裂选段中发挥了重要作用。2021 年直井新井完成试油 23 口，20 口达到工业油流。1 号开发先导试验井组 12 口井全部见油气，已有 9 口井日产油超 20m³，其中 7 口井日产油超 30m³，Q_1—Q_4 每个油层组均展现较强的高产稳产能力。

借鉴古龙页岩油测井解释评价思路，在川渝流转区块仪陇—平昌地区凉高山组页岩储层建立页岩油储层解释方法及标准，提供靶层优选方案和"甜点"层段解释成果，平安 1 井水平段和造斜段解释页岩油层 30 层 800.9m、致密砂岩气层 6 层 273.9m，侏罗系凉高山组页岩试油获得日产油 112m³，日产气 11×10⁴m³，助力了四川盆地侏罗系页岩油勘探取得重大突破，四川盆地石油勘探再上新台阶，获中国石油天然气集团公司 2021 年度油气勘探重大发现特等奖。

大庆古龙页岩油的勘探突破,带来了对于非常规油气测井评价的新思路和新变化,是测井发展史上非常规油气解释评价技术的新飞跃。

九、探井资料处理解释平台系统

随着计算机技术的发展和勘探开发面临的新形势和新需求,先后开发了探井资料处理解释平台、CIFLog-GeoSpace、LEAD4.0 大庆定制版,这些软件的成功研制和推广应用,极大地提高了精细解释精度、实现了综合处理解释一体化,持续助力油田勘探开发。

2007 年,大庆测井公司成功研制探井测井资料处理解释软件平台(简称探井平台),其系统架构如图 4-3-1 所示,该平台采用数据层、支持层及应用层三层结构设计。

图 4-3-1 探井平台架构图

数据层负责对测井数据的读写访问,数据底层采用文件系统方式,适合测井大数据量的存储和管理。支持层为应用层提供可扩展的服务,其中数据解编子系统利用文件格式特征值进行格式自动匹配，实现了多种数据格式自动解编。绘图子系统采用所见即所得的绘图方式，实现各种数据的可视化图形显示功能。缓存机制结合计算机内存越来越大的特点，采用数据全部缓存方式，速度比无缓存或部分缓存的方式要快很多。挂接接口采用统一的方法模块数据接口，以动态库的形式挂接各种解释方法，支持规范的C/C++语言的动态库挂接。应用层集成了具有特色的常规测井解释和成像测井解释模块，满足大庆各类复杂储层测井解释的需求。

探井平台经过多年的完善和推广应用，实现了探井测井解释软件从无到有，从有到集成平台技术跨越。探井平台的主要特点如下。

（1）具有很强的适应性及扩展性。该平台除能处理斯伦贝谢、阿特拉斯、哈里伯顿，以及国产常规与特殊测井资料以外，还集成多种适合大庆地区特点的解释模块，所以处理效果比国内外同类软件更好，适应性更强。对探井平台进行二次开发后为自行研制的微电阻率成像及阵列感应测井新仪器的评价提供保障，可扩展性强。

（2）数据解编功能强大。能支持cls、xtf、wis、LA716、TXT等17种数据格式的加载，以及xtf、wis、TXT等10种数据格式的输出（引进的阿特拉斯eXpress软件只支持xtf和TXT文件的读写，国产商业化Forward软件只支持xtf、LA716等11种测井数据格式的加载，以及wis、TXT等5种格式的输出）。

（3）具有一口井多段测量一次处理显示功能，大大提高了处理解释工作效率。

（4）成果图突破计算机内存限制，能够形成无长度限制的通用图像文件。不仅可满足测井成果图连续打印或浏览的需求，而且比直接打印速度提高6~8倍。

（5）数据管理功能强。实现了一维数据、二维数据、三维数据之间的任意转换，为数据的高效利用提供了有效手段。特别是对阵列数据的编辑功能，可按深度点或深度段进行阵列数据的批量替换编辑，大大提高了工作效率。

探井平台在大庆测井公司、海拉尔解释基地等已安装60多套，累计处理井超过3.5万口，其中含探井370口。探井平台处理质量达到斯伦贝谢Geofram"G"包处理电成像动静态图像的水平。

第五章　创新发展，支撑油田辉煌百年

随着石油和天然气行业的快速发展，测井技术也在不断进步和发展。国外的测井技术一直处于领先地位，并带动了全球测井技术的发展。国外测井技术领先者有斯伦贝谢、贝克·阿特拉斯、哈理伯顿三大测井公司。其突出特点是在技术上的规模化和一体化，以服务队伍规模化支持研发的高投入，通过研究、开发和服务一体化的体制，形成了技术和市场的良性循环。国内裸眼井测井技术发展一方面走引进、改造和仿制的路子，另一方面进行自主研究。

"十三五"以来，大庆油田紧密围绕"勘探规模增储、开发效益稳产"目标，在剩余油测井评价技术、碎屑岩测井评价技术、火山岩测井评价技术、碳酸盐岩测井评价技术、页岩油气测井评价技术及致密油气测井评价技术6项关键技术均取得了突破。新油田的勘探难度越来越大，测井方法、仪器及解释研究面临的问题更加严重，需要测井人的不断努力提出自己的方法和解释评价模型体系，研发具有自主知识产权的测井仪器，迎头赶上世界测井先进队伍，扩大我国在国外的测井市场。

第一节　国外测井技术新进展

裸眼井测井解释技术总体上随着测井仪器的发展而不断进步。国外目前以斯伦贝谢为代表的国际服务公司的最新电缆测井仪器有：RtScanner 三维感应电阻率、SonicScanner 声波扫描仪、CMR-NG 新一代高分辨率核磁测井、DielectricScanner 介电扫描仪、LithoScanner 岩性扫描仪、Pulsar 脉冲星测井仪。最新的随钻测井有：PeriScopeHD 方向性深测量感应电阻率、MicroScope 高分辨率成像、EcoScope 岩性剖面、NeoScope 无源地层评价、StethoScope 地层压力、

SonicScope 四级子声波、FSWD 随钻取样等。

一、电缆测井

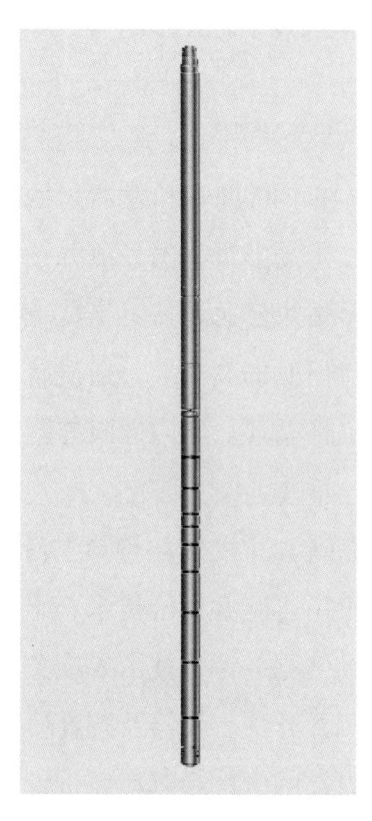

1. RtScanner 三维感应电阻率

RtScanner 三维感应测井可以从直接测量中计算得到垂直和水平电阻率（分别为 R_v 和 R_h），并同时计算出地层倾角，无论井眼斜度大小。三分量、多探测深度的测量，确保了所计算的电阻率是真实 3D 立体测量结果。这些测量大大提高了含油气饱和度和含水饱和度计算的准确度，从而使得油藏模型和储量计算更加准确。这项技术特别适用于薄互层、各向异性地层或断裂地层。

集成的一体式 RtScanner 电阻率扫描工具设计有多组三分量线圈阵列，每组有三个同位放置的测量线圈，有多组不同探测深度。每组不同源距的三分量线圈用于计算 R_v 和 R_h。几个单轴、短距离线圈用于全面监测井眼信号，用作三分量测量井眼影响校正。RtScanner 三维感应电阻率测井仪示意图，如图 5-1-1 所示。

图 5-1-1　RtScanner 三维感应电阻率测井仪示意图

RtScanner 仪器同时还进行地层倾角和地层走向的测量，以进行先进的电阻率地层边界和地层倾角影响校正。RtScanner 可在很大范围的井眼条件下和地层环境下得出精确的地层方位和倾角信息，包括任何井眼—地层交角、空气或非导电钻井液、存在侵入带等；地层倾角的计算间隔长度为 10~50ft（3~15m）。

尽管 RtScanner 的倾角计算长度大，分辨率比成像或倾角测井仪器低，但其结果很可靠，足以进行关键的构造信息分析，以及辨识出主要的地质事件，如地层界面、不整合或过井断层等。

除了上述电阻率和地层倾角等先进测量，RtScanner 还提供标准的 AIT 阵列感应成像测井的全部信息,以便与已有的资料进行相关对比;一体式的设计也使得 RtScanner 无须太多外部辅助测量,只需配合 GPIT 通用井眼环境测井和井径测井即可。RtScanner 测井仪的组合性也很好,可和大部分裸眼测井项目组合;用 RtScanner 代替 PEx 快速平台中的 AIT 测井,长度只增加约 7ft(2m)。

RtScanner 的应用包括:薄互层及低阻油气层探测与定量评价,地层围岩及倾角电阻率校正,地层真实电阻率 R_t 确定,计算含水饱和度 S_w,油藏地质建模,构造分析,完井设计及地面设施优化。

2.SonicScanner 声波扫描仪

SonicScanner 声波扫描测井测量地层纵波、快横波、慢横波,以及斯通利波时差,可以建立三维各向异性岩石力学模型,计算出参考井眼轴向的三维各向异性模量,进而确定地层是各向同性还是各向异性,以及各向异性的类型和成因,是地层本身内在的还是钻井过程诱发的。声波扫描测井在裸眼井和套管井中均可测量。SonicScanner 声波扫描测井仪示意图,如图 5-1-2 所示。

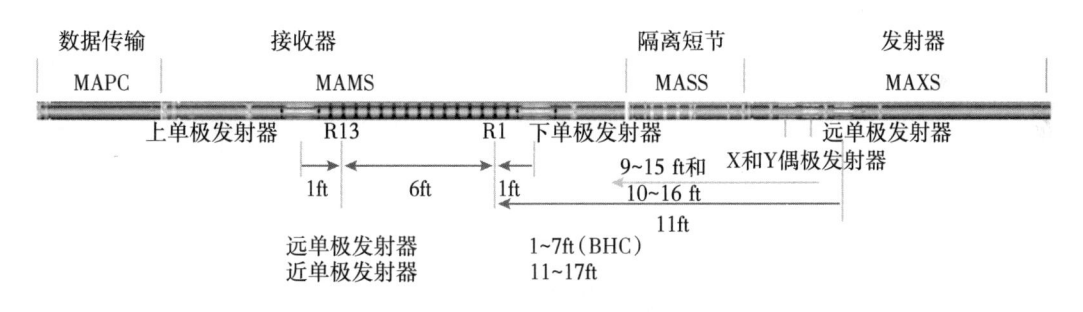

图 5-1-2 SonicScanner 声波扫描测井仪示意图

3.CMR-NG 新一代高分辨率核磁测井

核磁共振测井通过检测地层孔隙中水的氢原子极化衰减和弛豫时间,可以测量地层总孔隙度和孔隙结构。核磁孔隙度测井不受岩性的影响。核磁测量的总孔隙可以进一步细化为表征地层孔隙尺寸的孔隙结构谱,进而计算地层束缚水体积和自由流体体积及相关水饱和度。通过自由流体与束缚流体的比值,以及孔隙尺寸分布形态可以估算渗透率。新一代核磁共振测井仪 CMR-NG 除具有 CMR-Plus/CMR-AT 全部功能外,还可以提供高质量、连续的地层 T_1 谱和

T_2 谱测量，尤其是针对低孔隙度和弛豫时间很快的地层，CMR-NG 在硬件设计、处理电路和脉冲发射序列上都做了优化和提升，与之前核磁仪器相比，其测量敏感度、准度和精度都有很大提高。CMR-NG 新一代高分辨率核磁测井仪示意图，如图 5-1-3 所示。

CMR-NG 的采集处理速度比上一代核磁采集快 20 倍。现代电子技术也使得 CMR-NG 可以处理更短等待时间、更大负载循环的电磁脉冲序列。全新的脉冲序列设计不仅可以测量连续的 T_1 和 T_2 弛豫时间，同时大幅提高了孔隙度测量的精确度。

图 5-1-3　CMR-NG 新一代高分辨率核磁测井仪示意图

CMR-NG 最短回波间隔时间（TE）为 0.2ms，与 CMR-Plus 或 CMR-AT 相同；CMR-NG 的工作频率在 2MHz 附近，大约是其他具有 T_1-T_2 测量功能的核磁仪器工作频率的 2 倍。工作频率越高，核磁测量信噪比（SNR）就越高，同时对孔隙内流体的 T_1/T_2 比敏感度也越高。

利用 CMR-NG 的高精度 T_1—T_2 二维核磁连续测量，以及结合其他测量如介电扫描、元素扫描等，可以对非常规油气藏或稠油油藏复杂的孔隙流体做出更深入细致的描述。

CMR-NG 的应用包括：

（1）非常规油气藏孔隙流体连续剖面；稠油油藏孔隙流体连续剖面。

（2）孔隙度测量，不受岩性影响。

（3）储层孔隙度尺寸分布。

（4）束缚流体—自由流体体积，指示储层品质和产能。

（5）薄互层储层中识别薄渗透层。

（6）油气识别，尤其是低阻油层。

（7）为储量计算提供含烃孔隙体积。

（8）束缚水饱和度计算；通过与中子、密度和 MDT 资料对比分析，确定孔隙度、岩性和流体密度。

（9）为完井方案优化和压裂提供关键信息。

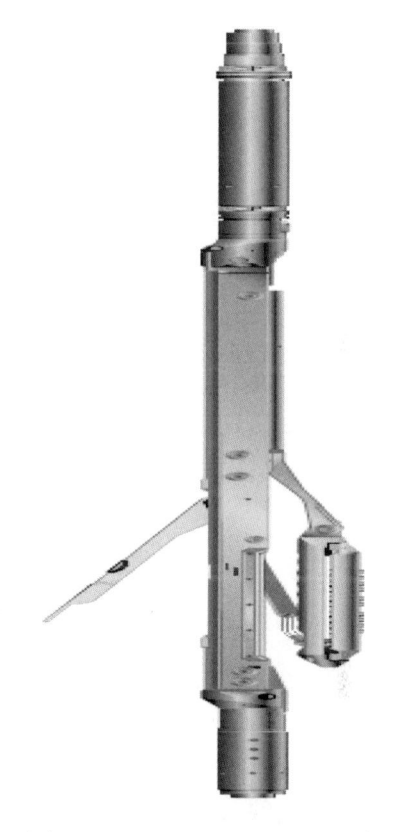

4. DielectricScanner 介电扫描仪

斯伦贝谢公司的介电扫描测井仪（DielectricScanner）可以连续测量地层的介电频散，介电频散是指介电系数随频率变化而变化的现象。DielectricScanner 应用四种频率的电磁波，范围从 20MHz 至 1GHz，并具有横向与纵向两种极化方向。DielectricScanner 测量的高分辨率数据经径向解释模型处理得到相应频率下的地层介电系数和电导率，并输入到相应的岩石物理解释模型，得到含水孔隙度（在总孔隙度已知情况下可提供含水饱和度）、水矿化度、碳酸盐岩石结构和砂泥岩中阳离子交换量（CEC）等地层信息。DielectricScanner 介电扫描测井仪示意图，如图 5-1-4 所示。

在油基钻井液条件下，此时计算的水矿化度可认为是地层水矿化度。在碳酸盐岩储层，油气评价的主要难点在于碳酸岩孔隙结构复杂，从而导致电阻率与油气饱和度关系复杂；介电频散特性主要是由岩石结构主导。相应地介电扫描测井分析提供了岩石结构特性的连续测量，通过 MN 指数曲线表现出来，进而准确计算原状地层油气饱和度。在砂泥岩储层，通过处理能够提供连续的地层 CEC 曲线。

图 5-1-4 DielectricScanner 介电扫描测井仪示意图

在稠油或者侵入较浅储层中，介电扫描测井能够通过对侵入和非侵入带地层的测量，用来计算可动烃含量。

DielectricScanner 克服了传统介电测井单频测量的限制，并在解释过程中考虑了岩石结构、侵入和未知矿化度或变矿化度地层水的影响。DielectricScanner 同时还进行井眼的温度、压力和滤饼介电和电导率测量，用于进行环境校正。

DielectricScanner 直接测量地层（冲洗带）含水孔隙度，不受地层水矿化度影响，其可用于：

（1）生产层位残余油气饱和度计算。

（2）低阻油气藏或薄层油气检测。

（3）稠油储层的饱和度及稠油的可流动性检测。

（4）在碳酸盐岩储层，可连续测量指示岩石结构特性的MN指数，用于计算原状地层油气饱和度。

（5）在砂泥岩储层，提供连续的地层CEC曲线，用于校正黏土影响。

（6）高分辨率薄油气层识别与评价。

5. LithoScanner岩性扫描仪

LithoScanner高精度地层元素能谱测井采用双谱测量，为精确的元素含量、矿物学和岩石学分析提供了基础，包括独立的TOC定量分析。同时仪器还测量次生伽马射线随时间衰减的速率，用来计算地层平均热中子俘获截面，以了解认识地层孔隙流体。LithoScanner测井技术采用了新一代高性能脉冲中子发生器（PNG）和大尺寸溴化镧（LaBr3：Ce）晶体探测器。精心设计的脉冲中子发生器（PNG）脉冲发生机制和高锐度中子脉冲能够清晰地分离开非弹性散射或中子俘获产生的伽马射线，从而提高测量的质量。LaBr3：Ce闪烁计数器响应迅速，其光脉冲输出能力和能谱分辨率非常高。结合先进的光电倍增管技术和专门设计的高性能电子线路，可以在不牺牲能谱分辨率条件下处理超过2500000cps的脉冲计数。LaBr3：Ce闪烁器高温性能优越，即使在额定温度350°F（177°C）长时间测井作业，也能维持稳定的能谱质量，无须探测器冷却系统。探测器附近壳体内包裹着含硼的热中子防护罩，从而降低测井工具本身产生的俘获伽马射线的影响。配合高性能脉冲中子发生器，可以充分发挥脉冲中子优势，从而显著提高测井计数率，降低了测量统计误差并提高了测井速度。LithoScanner岩性扫描仪示意图，如图5-1-5所示。

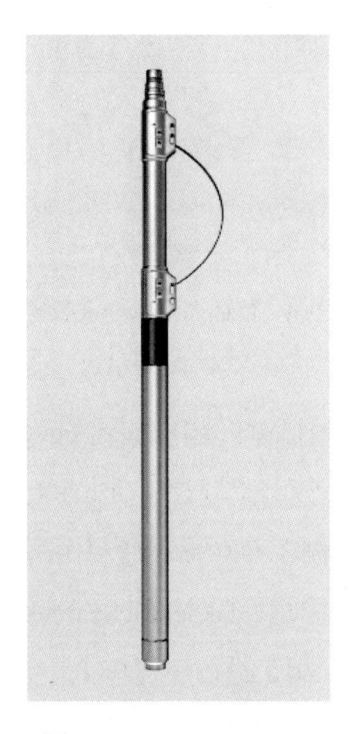

图5-1-5 LithoScanner岩性扫描仪示意图

LithoScanner 所测量的元素种类和精度都有了很大程度的提高，测量的元素包括铝、钡、碳、钙、氯、铁、钆、钾、镁、锰、钠、硫、硅、钛、磷及诸如铜和镍等金属元素。与传统地层元素测井相比，新增的测量元素有铝、碳、猛、钠、铜、镍、磷等；硅、钙、铁、镁、钾、硫、钡等元素测量精度也大大提高。

在测量的地层元素含量（干重比）基础上可以进一步分析确定和计算地层矿物组分。铝、铁等元素可以帮助确定黏土矿物类型和定量分析黏土矿物含量。测量的钾元素含量对井眼环境和氯化钾钻井液的敏感性更小，可用于地层中长石矿物的分类与评价。镁也是地层中一种重要的矿物指示元素，可用于准确区分地层岩石中的白云石和方解石等碳酸盐矿物。改进的硫元素测量可用来确定富含有机质页岩中黄铁矿的含量，以及定量分析岩层中的硬石膏含量。

LithoScanner 测井技术能独立定量确定 TOC，得到连续的 TOC 曲线。这改变了过往测井评价只能通过间接手段，基于地区认识和经验关系回归确定有机碳含量的情况，对非常规油气和常规油气的评价具有非常重要的作用。在页岩气储层中，TOC 可以直接定量计算干酪根含量；在页岩油储层中，利用 TOC 结合核磁测量，可以很容易地把可动的油气部分与不可动的干酪根部分区分开，而无须再建立多解方程。无论页岩气还是页岩油，LithoScanner 测井提供的骨架密度曲线都可以用来校正干酪根影响，得出准确的密度孔隙度。

LithoScanner 仪器外径 4.5in，可与绝大部分裸眼测井电缆仪器组合，采用电缆、钻具或是爬行器输送均可。出色的仪器性能使得 LithoScanner 与原有技术相比，不仅测速提高，同时精度也提高了 4 倍，即使在 350°F（177℃）的高温下长时间测井，仍能保持高质量的能谱测量数据。

LithoScanner 岩性扫描仪的应用包括：复杂岩性中矿物成分与含量的详细测定，实时元素测量和准确的岩性定量分析，TOC 原场连续测量，独立的含油体积测量，地层及流体 Sigma 测量，计算岩石骨架属性参数，进行岩石物理评价，利用元素测井进行井间对比和地层层序分析，套管井地层评价。

6. Pulsar 脉冲星测井仪

Pulsar 脉冲星测井仪采用了高输出智能型脉冲中子管（Smart-PNG）、溴化镧探测器、深探测器 YAP（钇铝钙钛矿）、紧凑型中子检测器（CNM）等关键性技术。其工作原理是脉冲中子电子源产生高能中子，快中子与仪器、井筒流体、套管、油管、水泥和地层等物质发生碰撞，测量由于这些碰撞激发的伽马射线，并进行时间域和能量域的分析。主要测量的内容有含氢指数（HI）、热中子俘获截面（Sigma）、快中子界面（FNXS）、元素与矿物含量（包括总有机碳）、碳氧比（C/O），可用来计算地层岩性、孔隙度、含水饱和度等地层参数。Pulsar 脉冲星测井仪示意图，如图 5-1-6 所示，其工作原理如图 5-1-7 所示。

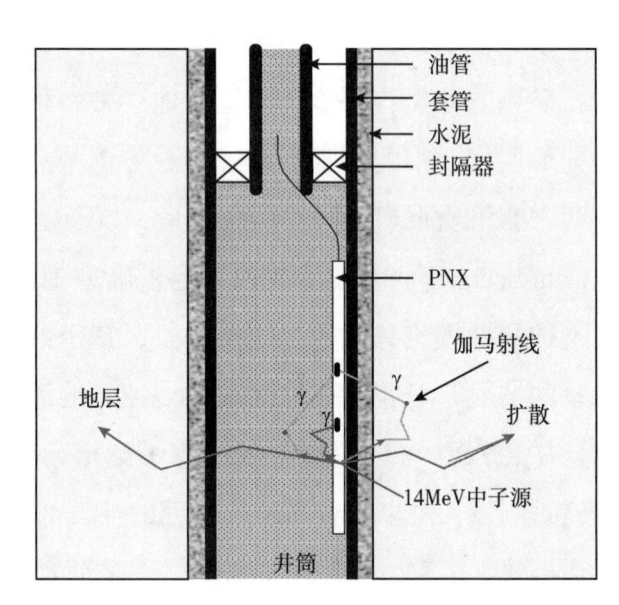

图 5-1-6　Pulsar 脉冲星测井仪示意图

图 5-1-7　Pulsar 脉冲星测井仪工作原理示意图

Pulsar 脉冲星测井仪技术特色：独立的地层属性测量、全面的井下环境校正、更好的测井与解释优势，可以多维测量，降低解释过程中的多解性与不确定性。

二、随钻测井

1. 小井眼侧向电阻率成像仪（MicroScope）

小井眼侧向电阻率成像仪（MicroScope）是斯伦贝谢公司新推出的一款随钻侧向电阻率成像测井仪，它主要应用于地层评价、水平井地质导向，还可以用于完井优化的裂缝识别。MicroScope 示意图，如图 5-1-8 所示。

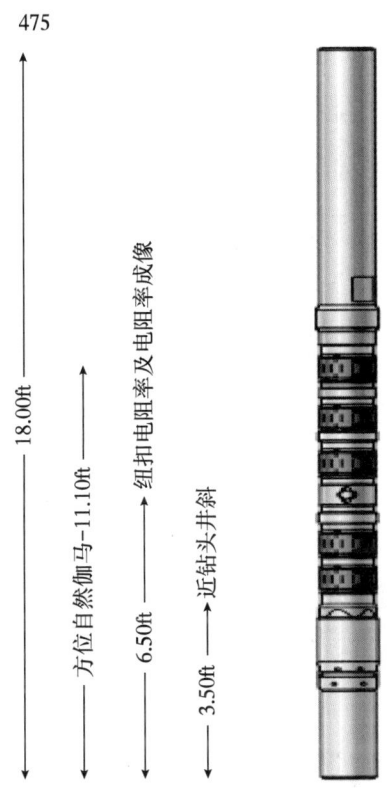

图 5-1-8 MicroScope 示意图

小井眼侧向电阻率成像仪具有用于高质量成像传输的数据压缩技术，可提供最小化地层边界影响的电阻率定量数据、四个探测深度的实时及内存电阻率成像数据、四象限电阻率测量、两种平均电阻率测量、方位伽马测量、钻头电阻率测量、钻井液电阻率测量及可使用 MWD 仪器传输实时数据。

2. 多功能地层评价测井仪（EcoScope）

多功能地层评价测井仪（EcoScope）可应用于钻井优化，通过三维精确井径及密度成像识别钻井诱导缝、井壁破坏、地层层理、断层等信息，实时钻井动态参数监测，井筒清洁情况、钻井液压力、温度及井筒稳定性分析、地层评价、孔隙度及饱和度计算、基于中子俘获能谱的岩性剖面、用于精确的孔隙度计算、基于 Sigma 的水饱和度计算、多井对比及分析、通过成像计算地层倾角实时导向。

多功能地层评价测井仪（EcoScope）可提供自然伽马、伽马源密度测量、中子孔隙度、元素俘获能谱岩性测量、地层 Sigma—中子俘获截面测量、光电吸收截面测量（PEF）、20 条电测传输电阻率、双探头超声井径、近钻头井斜、三轴及扭转振动监测、随钻环空压力监测（APWD）、随钻环空温度监测（APWD），还可与 MWD 仪器结合提供实时数据。

3. 多功能地层评价无源测井仪（NeoScope）

多功能地层评价无源测井仪应用于无化学源运输及相关的 HSE 风险、钻井优化，通过三维精确井径识别井壁破坏，通过成像判断断层信息，实时钻井动态参数监测，井筒清洁情况、钻井液压力、温度及井筒稳定性分析，地层评价、孔隙度及饱和度、基于中子俘获能谱的岩性剖面，用于精确的孔隙度计算、多井对比及分析，基于 Sigma 的水饱和度计算，通过成像计算地层倾角实时导向。NeoScope 示意图，如图 5-1-9 所示。

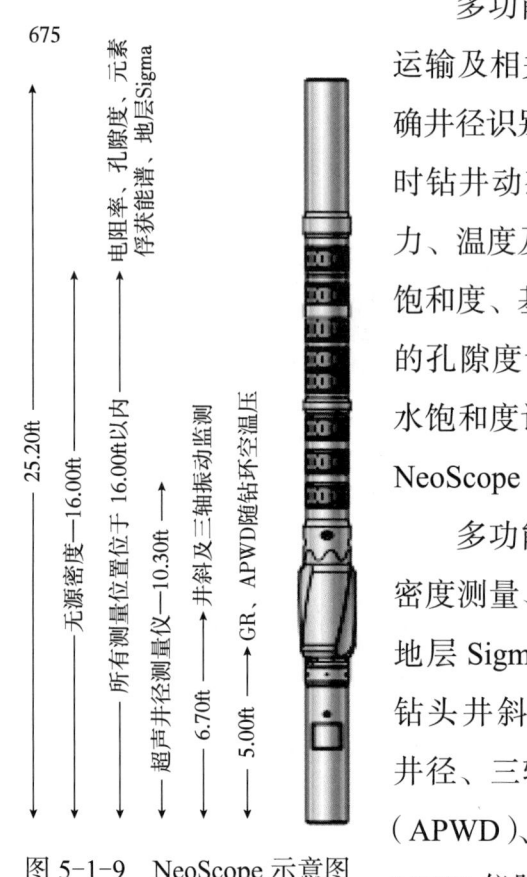

图 5-1-9　NeoScope 示意图

多功能地层评价无源测井仪可提供无化学源密度测量、中子孔隙度、元素俘获能谱岩性测量、地层 Sigma—中子俘获截面、方位自然伽马、近钻头井斜、20 条电磁传输电阻率、双探头超声井径、三轴及扭转振动监测、随钻环空压力监测（APWD）、随钻环空温度监测（APWD），还可与 MWD 仪器结合提供实时数据。

4. 随钻地层压力测量（StethoScope）

随钻地层压力测量可应用于钻井液密度优化、孔隙压力校正，利用孔隙压力指导地质导向、流体接触面分析、压力梯度分析等。

随钻地层压力测量可提供实时地层压力测量、实时地层流体流动性测量、预测试时环空压力测量、开泵和停泵时的压力测试、智能时间优化预测试，与 MWD 仪器结合提供实时数据。StethoScope 示意图，如图 5-1-10 所示。

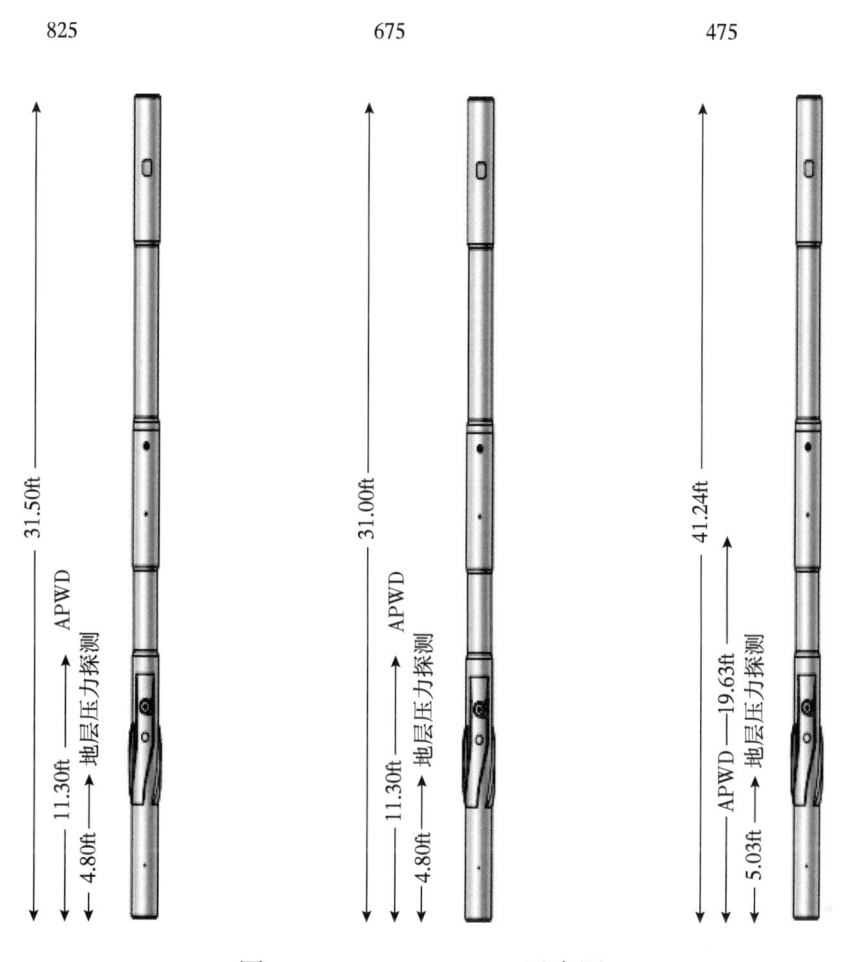

图 5-1-10　StethoScope 示意图

5. 多极子随钻声波测井仪（SonicScope）

多极子随钻声波测井仪可应用于实时地层孔隙压力计算、井壁稳定性监控，人工合成地震记录用于地面地震匹配、声波孔隙度计算及油气识别、裂缝反射系数检测、优化完井射孔位置、水力压裂优化设计、水泥返高测量、岩石力学分析。

多极子随钻声波测井仪可提供快慢地层中纵横波测量、停泵单极子纵横波测量、斯通利波测量（内存模式）、实时 STC 投影，与 MWD 仪器结合提供实时数据、单极子能量漏失模式处理（实时及内存模式）。

6. 多地层边界探测仪（PeriScope）

多地层边界探测仪采用基于地层边界的地质导向技术，可应用于改善地质模型、地质断层描述、多层次地层描述、定量地层评价、井眼清洁监测等。PeriScope 示意图，如图 5-1-11 所示。

多地层边界探测仪可提供覆盖 360°的方向性电阻率测量，地层边界探测深度可达 21ft，还可提供方位伽马测量、随钻环空压力测量，可使用 MWD 仪器传输实时数据。

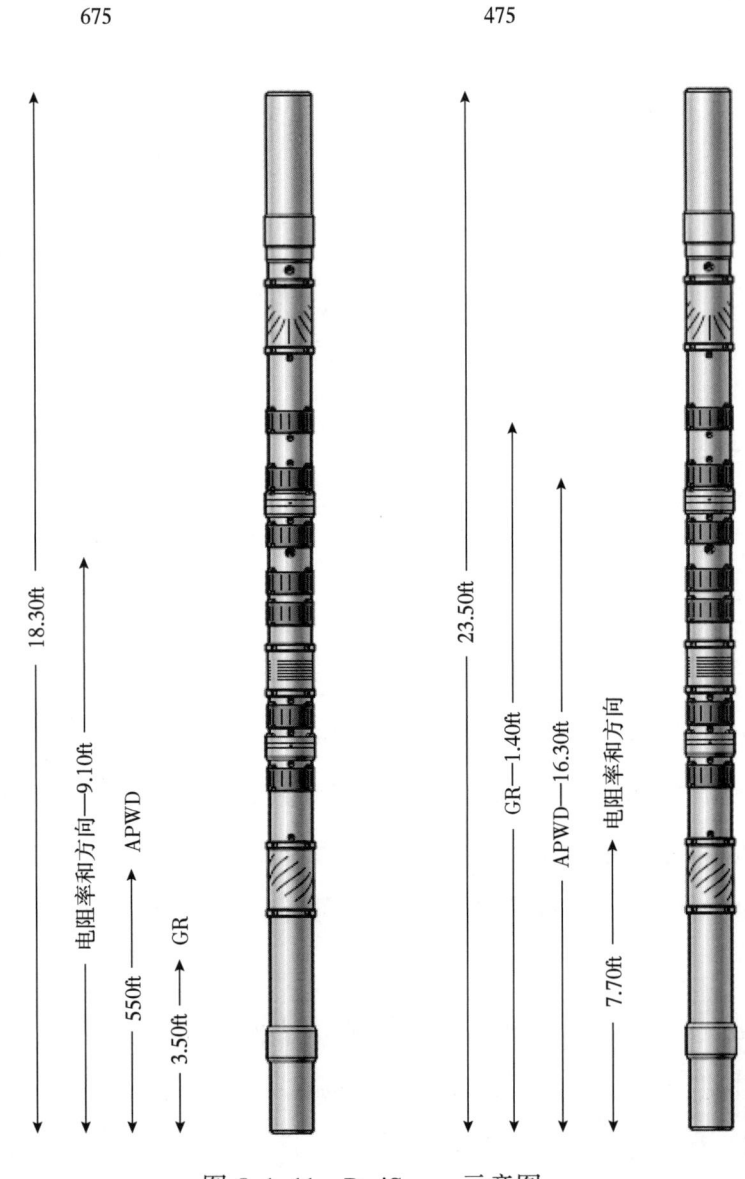

图 5-1-11　PeriScope 示意图

第二节　大庆油田裸眼井测井技术现状

一、裸眼井测井采集技术现状

国内裸眼井测井技术发展一方面走引进、改造和仿制的路子，另一方面进行自主研究。常规探井测井以高度集成化的组合测井平台为主，数据采集主要以国产数控测井装备为主。目前以中油测井为代表的国内测井公司在数据采集上已经形成了测井地层成像 EILog 技术系列，成像测井系列有元素测井仪（EMT）、偶极横波远探测技术、高温高压微电阻率扫描成像测井仪、雷达成像测井系统、井间电磁成像测井系统、微地震监测仪。随钻测井系列有 AMR 随钻方位电阻率测量系统、AGR 随钻方位伽马成像系统、随钻中子密度成像仪器、近钻头伽马成像系统、随钻高分辨率电阻率成像系统、电磁随钻测量系统、连续旋转式随钻高速传输系统等仪器。中油测井大庆分公司裸眼测井特色装备为 0.2m 超薄层测井、过钻杆测井、直驱式旋转井壁取心。

1. 0.2m 超薄层测井系列

0.2m 超薄层测井系列整体分辨率达到 0.2m，居世界领先水平，曲线受围岩影响小，能够准确测量地层参数，具备超薄层识别能力，适用于大庆油田"高含水、薄差储层"地层。该系列研究成果获 2013 年度大庆油田有限责任公司科学技术进步奖一等奖，0.2m 超薄层测井系列装备被评为中国石油工程技术"十大利器"之一。0.2m 超薄层测井系列包含 0.2m 高分辨率的双侧向、自然电位、自然伽马、阵列感应、密度、中子等自主研发项目，加上微球形聚焦、微电位、微梯度、高分辨率声波，以及地质评价需求的 2.5m 电极系、井斜—方位、井径、流体电阻率、井温等项目，仪器可实现组合集成测井。可为油田薄差层有效勘探开发提供精准泥质含量、孔隙度、渗透率、含油性等系列地质参数。投产之前，0.2m 超薄层测井系列进行 56 口取心井对比试验，经过评价分析，曲线在分辨率、探测深度、曲线间匹配关系上较慧眼 -1000 系列有较大改善，所测曲线重复性和一致性均符合仪器技术指标要求，可靠性、测井效率和精度均满足油田勘探开发需要。

0.2m 超薄层测井系列在大庆油田、长庆油田、青海油田、吉林油田成功应用，对于厚度为 0.2m 薄层响应真实，可用于定量解释。对于厚度为 0.1m 薄层有明显响应，可用于定性解释。层厚 0.2m 以上薄层准确反映岩性、物性变化，非均质厚层岩性、物性动态变化更清晰，解释符合率提高 10%，成为发现和识别油气层锐利武器，在低品位油气层勘探和有效动用、剩余油精细挖潜中发挥重要作用。

2. 过钻杆测井技术

过钻杆测井技术为国内首创，施工安全、高效，实现"钻具到哪里就能测到哪里"目标，解决大斜度井、长水平段水平井等复杂疑难井测井作业难题。

3. 旋转井壁取心仪

直驱式旋转井壁取心仪采用钻压实时控制技术，功率转换效率高，仪器工作稳定，单支仪器即可实现大、小两种尺寸岩心钻取，岩心深度归位准确，适应多种岩性地层和复杂地层，性能处于国内领先水平，为钻井取心提供了替代手段，为油田地质专家提供直观的第一手地质资料。旋转式井壁取心提速提效显著。通过优化施工方案设计、生产准备标准化、仪器升级改造、仪修工程师跟井作业等工作，使取心收心率提高到 90.92%，单井平均作业时间较之前减少 8.63h，井场占用时间减少 38.96%。全年完成取心作业 70 口，累计取心 3311 颗，单井最高取心数量 150 颗。大庆油田有限责任公司川渝项目部推广使用大颗粒旋转式井壁取心仪完成 5 口井取心任务，取心收获率 89.5%。中油测井大庆分公司取消原来的旋转取心业务外包，由自有队伍承担全部任务，压控成本 400 余万元。撞击式井壁取心一次成功率由 90% 提高到 95%，平均占用井场时间由 5.46h 降到 3.27h。

二、裸眼井测井解释技术现状

"十三五"以来，地球物理测井专业紧密围绕"勘探规模增储、开发效益稳产"目标，瞄准常规油气、致密油气、页岩油气、碳酸盐岩、水淹层及海外测井评价等技术领域，精心组织、精细攻关、精准评价，大庆油田在剩余油测井评价技术、碎屑岩测井评价技术、火山岩测井评价技术、碳酸盐岩测井评价技术、页岩油气测井评价技术及致密油气测井评价技术6项关键技术取得突破，测井解释符合率提高5个百分点以上，服务范围包括大庆长垣、松辽中浅层、松辽深层、川渝、海塔、塔东、外围、海外八大领域，为大庆油田 $3000×10^4$ t 稳产提供了坚实的技术支撑。

1. 剩余油测井评价技术

油田进入高含水阶段，剩余油高度分散，储层非均质性及流体性质的变化导致水淹信息提取难，这是剩余油测井解释的难点[10]。技术人员从测井响应机理出发，搞清了污水驱、化学驱储层声波、电位、电阻率、核磁特性的变化规律；采用自适应反褶积算法，提高薄差层测井响应分辨率；应用岩石物理相分类方法，突出含油性，削弱了岩性、物性等对水淹识别的影响；针对化学剂对储层润湿性、孔隙结构的影响，发展了有效介质饱和度计算模型。自20世纪90年代，水淹层解释技术不断创新、发展、完善，逐渐形成了薄差层水淹层解释技术、特高含水期厚层细分解释技术、化学驱水淹层解释技术、低孔渗储层水淹层测井解释技术，长垣油田水淹层五级解释符合率达到了75%以上，同时基于Ciflog平台研发了开发井测井资料处理解释平台，集成了不同时期多套水淹解释方法及标准，实现长垣老区全区、全层位、全测井系列开发调整井解释全覆盖，累计应用超过3万余口井，解释成果已应用于多学科精细油藏描述，有力支撑了剩余油挖潜。整体上，大庆油田在水淹层测井解释技术处于国内领先水平。

2. 碎屑岩测井评价技术

"十三五"以来，已研发形成松北中浅层复杂油水层测井识别技术、海拉尔复杂岩性储层测井评价技术。目前，难采储量区块复杂油水层精细评价技术取得了创新成果。以岩石物理实验研究为基础，在总结不同类型储层测井响应变化规律的基础上，分不同层位、不同储层类型、不同测井系列分别建立油水层识别方法，油水层解释符合率提高15个百分点，达到85.0%以上；以达西定律为指导，形成了自然测试、压力测试两相流产能预测技术，产能预测符合率达到85.0%，指导了选井、选层射孔压裂，为长垣外围难采储量有效动用提供了技术支持。

3. 火山岩测井评价技术

天然气是石油的重要接替资源，火山岩测井评价是世界级难题。为了实现天然气增储上产，从2005年开始开展了火山岩测井评价技术攻关，突破了深层火山岩复杂岩性储层测井评价技术，形成了酸性火山岩测井评价技术与中基性火山岩测井评价技术。目前，大庆油田在火山岩测井评价方面处于国内领先水平。

4. 碳酸盐岩测井评价技术

塔东、川渝、海外等区块碳酸盐岩储层作为大庆油田重要的资源接替领域，"十三五"以来，针对海外哈法亚孔隙型碳酸盐岩储层，创新了基于孔隙结构分类的储层参数解释方法，建立了不同井型的流体识别与产能预测模型，形成了孔隙型碳酸盐岩储层测井评价技术；针对塔东、川渝缝洞型碳酸盐岩储层，在对储层缝洞精细刻画基础上，创新了基于岩相分类的储层参数解释方法，采用电成像孔隙度谱、斯通利波衰减等新方法建立了有效性识别及产能预测图版，初步形成了缝洞型碳酸盐岩储层测井评价技术，基本满足油田勘探开发及提交储量需求。大庆油田在碳酸盐岩储层测井评价方面，与国内外技术水平还存在一定差距。

5. 页岩油气测井评价技术

页岩油是大庆油田重要的油气接替领域，大庆油田在页岩油储层评价方法研究方面较为薄弱，国内均处于起步阶段。目前正在攻关古龙页岩油储层测井评价技术与川渝页岩油储层测井评价技术。针对古龙页岩高黏土含量、微纳米孔发育、孔隙结构复杂等难点，攻关形成了以岩性扫描、核磁、成像等特殊测井为主的页岩油"七性"参数与富集层评价方法，有效支撑了页岩油勘探发现、井位部署、试验区方案编制。但在毫厘米级纹层（页理）识别、可动孔隙度和饱和度等关键参数定量表征、富集层段分类和水平井测井评价等方面亟须攻关。

6. 致密油气测井评价技术

大庆长垣及长垣外围扶余和齐家地区高台子致密油层储层发育，分布范围广，有利勘探面积超3000km^2，资源潜力大，是提交石油储量的重点接替区和目标区。致密油气藏测井评价，其核心任务是以三品质评价为核心的"七性"

关系研究，以岩石导电机理和岩石物理学原理为指导，开展"七性"参数、"甜点"分类评价和水平井测井评价方法研究。在中浅层致密油储层测井评价方面，创新了致密油储层测井"七性"评价技术，形成了松辽盆地北部致密油储层精细评价技术和齐家地区致密油储层精细评价技术，在新技术应用方面较少，与国内外评价水平还存在差距。

总体上，大庆油田裸眼井测井资料解释评价技术和国内外相当，在某些技术领域处于先进水平，如在火山岩测井评价、水淹层解释、地层测试资料处理等方面；但在岩石物理实验技术及测井新技术处理解释能力方面与国外差距较大，在致密油储层评价、碳酸盐岩储层评价方面还有差距，在页岩油储层评价方面较为薄弱，国内均处于起步阶段。

第三节　大庆油田裸眼井测井技术展望

随着勘探开发的不断深入，大庆油田的勘探开发领域逐渐向碳酸盐岩、页岩油气等非常规储层、深层（超深层）火成岩等领域拓展，新领域、新区带、新层系、新类型的勘探开发对测井采集与处理解释技术都提出了新的需求：（1）复杂储层、非常规油气的精细探测需求，如复杂岩性（矿物）识别、复杂孔隙结构储层孔渗饱关键参数求取、各向异性储层岩石力学参数确定等；（2）大斜度井、水平井准确导向与精细评价需求，如水平井储层测井数据高精度采集、水平井钻遇率，以及产能预测等；（3）深层超深层，以及特殊井液等复杂井测井采集及评价需求；（4）勘探开发一体化的快速综合评价需求，如基于大数据的智能油藏分析、剩余油挖潜等。因此要围绕油田部署和生产需要，紧跟国内外先进采集技术，大力开展自主、特色测井仪器研发，攻关形成以新一代测井系列为核心的配套解释技术。

一、测井仪器研制方面

1. 做精"0.2m 高分辨率测井技术"

在"十三五"研究成果的基础上，以更短、更轻、更安全、更高效为目标，开展CPLog超薄层常规测井系列"一串测"研究,实现"一串下井快速取得全部测井资料",满足储层高分辨率评价和钻探提速的目标。以"地质资料应用"为服务延伸,积极拓展服务领域。紧密围绕大庆油田勘探开发关键地质问题,以岩石物理实验和测井解释理论研究为基础,针对不同区域的实际情况开展相应研究工作。大庆油田重点业务部署:适应大庆油田老区特高含水期水淹层与外围低孔渗薄差层开发需求,全面推广完善0.2m高分辨率测井系列,加大集成度,减小长度,使之能够适应大斜度井等复杂井况施工。

2. 研制成像测井系列

成像测井方法是大庆复杂砂泥岩储层及火山岩、碳酸盐岩、裂缝性储层测井评价重要手段。已研制完成微电阻率成像、多极子阵列声波、阵列感应、阵列侧向、超声波成像及地层化学元素等成像测井新仪器及处理解释方法的改进和完善。加强偏心核磁共振、模块式动态地层测试、交叉偶极子声波、井周成像及0.2m超薄层测井系列等新成像测井仪器及处理方法的研制,以适应疑难复杂储层测井评价的需要。

3. 研制随钻测井仪器系列

按由易到难顺序逐步研制随钻放射性、声波、电阻率等常规测井系列及随钻成像测井系列,以降低各种高难度井测井作业风险,减少钻井液侵入,提高储层评价水平。

逐步加快方位伽马感应电阻率随钻测井仪、电磁波电阻率随钻测井仪、近钻头伽马地质导向仪器、旋转地质导向系统的改进与生产,承担水平井、大位移井、分支井和丛式井地质导向、随钻地层评价测井等服务,通过集成创新,形成的旋转地质导向系统具备作业能力,实现从随钻测井到旋转地质导向的跨越式发展。

二、测井资料处理解释技术

根据大庆油田中长期发展规划和重点业务部署,"十四五""十五五"测井资料处理解释方面要重点完成四方面的工作:(1)研发不同注入类型的水淹层解释评价技术,满足油田精细挖潜需要;开展多井解释技术研究,与采油厂深度合作，应用测井解释成果指导剩余油精细描述、射孔等工作，拓展测井＋应用领域。（2）形成一套完整的常规油解释评价技术体系，重点发展水平井轨迹描述等解释技术。（3）以川渝等区块解释为基础，深化复杂岩性储层测井评价方法研究。（4）紧跟大庆油田储量接替目标战略转移步伐，深化开展致密油气和泥页岩油等非常规领域解释评价技术研究。针对各领域储层测井评价面临的新挑战，将重点攻关完善以下七项测井解释评价技术体系。

1. 碎屑岩测井评价技术系列

进一步完善松北中浅层复杂油水层测井识别技术、储量参数测井评价技术，重点开展双低油层测井精细评价技术、川渝陆相碎屑岩测井评价技术研究。针对长垣外围中浅层，一是深化低饱和度、低阻油层成因机理分析，明确主控因素，进一步完善双低油层的流体识别与产能预测方法；二是发展基于油藏认识的老井再评价方法，深化油水分布规律认识，重新落实油藏潜能、提出潜力井层。针对川渝陆相碎屑岩，重点是研究复杂气水层识别方法和产能预测模型，进一步拓展增储建产空间。

2. 复杂岩性测井评价技术系列

针对深层火山岩领域，在进一步完善酸性火山岩储层测井评价技术基础上，开展中基性火山岩及火山岩水平井测井资料解释技术攻关。重点开展火山岩水平井测井解释技术、基岩储层岩相识别、气水层解释、产能分级评价等方法研究，丰富火山岩储层测井评价技术系列。针对海塔盆地，进一步完善含凝灰储层测井评价技术，深化以新一代成像测井资料为核心的储层矿物、岩石结构、孔隙结构的储层评价技术，深化以油藏认识与测录井多方法相结合的复杂流体识别技术，结合开发井生产资料，深化储层分类及产能预测方法，为勘探发现和开发调整提供技术支撑。

3. 碳酸盐岩储层测井评价技术系列

随着走出去发展战略实施，塔东、川渝、海外等区块成为大庆油田重要的资源接替领域，碳酸盐岩储层逐渐成为研究的主要对象。针对川渝地区岩性复杂、储层类型多样等问题，需开展岩性识别、流体识别、缝洞储层有效性评价，以及储层参数准确计算等方法研究，形成川渝地区测井评价配套技术，满

足 $3000\times10^8m^3$ 探明储量提交的技术需求。持续攻关非常规碳酸盐岩储层测井评价方法、缝洞型碳酸盐岩储层工程品质参数评价方法、远井碳酸盐岩缝洞发育评价方法，最终形成包括川渝复杂矿物碳酸盐岩储层测井评价技术、塔东缝洞型碳酸盐岩储层测井评价技术、海外孔隙型碳酸盐岩储层测井评价技术的碳酸盐岩储层测井评价技术系列。

4. 致密油气测井评价技术系列

目前大庆油田勘探开发各领域都有致密油气储层，致密油气是增储上产的重要接替领域，因此需要持续攻关致密油气储层测井评价方法。由于致密油气储层主要以水平井开发为主，需重点开展水平井测井响应正反演、轨迹与地层间的几何关系确定、水平井测井各向异性校正、储层参数计算、储层分类等方法研究。在此基础上，针对松辽盆地扶余、高台子等致密油储层，完善岩石力学参数解释模型，重点攻关致密油储层"甜点"识别、分类评价、产能预测技术，为射孔选层、工程压裂、开发方案编制提供技术支撑。针对川渝致密储层重点开展复杂构造应力下的工程品质参数确定方法研究，形成致密气储层"甜点"识别与分类评价技术，最终形成以水平井测井资料处理解释、"七性"参数精准评价为核心，以"甜点"识别和产能分级评价为目标的致密油气测井评价技术系列。

5. 页岩油气储层测井评价技术系列

大庆古龙页岩油的勘探突破，带来了非常规油气储层测井评价的新思路和新变化，是测井发展史上非常规油气解释评价技术的新飞跃。针对页岩油储层薄纹层和页理发育、导电机理不清、关键参数计算精度低等问题，需要充分应用岩性扫描、微电阻率成像、二维核磁等新技术，开展成分＋结构＋烃源岩的岩性岩相识别方法研究、以微纳米孔为主的储层孔隙度、饱和度等关键参数计算和配套的岩石物理实验标定方法研究、各向异性较强的层状页岩储层的岩石力学参数解释方法研究、资源"甜点"与工程"甜点"相结合的"甜点"分类技术研究，以及页岩储层水平井测井资料处理解释技术研究。针对川渝地区侏罗系页岩油，在以上研究内容基础上，重点研究储层微裂隙的测井表征方法，复杂构造应力条件下的工程品质参数评价方法。

6. 剩余油测井评价技术系列

继承发展现有成熟解释技术成果和研究思路，攻关大庆长垣Ⅱ、大庆长垣Ⅲ类油层化学驱储层测井评价技术，加强测井资料结合岩石物理实验分析，研究可动流体饱和度和驱油效率以及含水率间的关系，研制薄差层泥质及层厚校正方法，突出流体响应信息；研究不同阶段储层物性时变参数一致性校正方法，为老油田整体油藏建模、数模提供可靠数据；探索攻关凝灰质砂砾岩储层、碳酸盐岩储层以及非常规储层的水淹层解释方法，不断完善剩余油测井评价技术系列，并研发集成化、智能化水淹层测井解释软件。

7. 智能化测井综合评价技术

人工智能技术在测井解释中的应用由来已久，但单方法应用研究多，系统集成应用少。当今云计算、大数据和人工智能技术的规模应用，再次推动了测井解释智能化发展。以多学科数据融合的数据湖为基础，以评价技术、解释软件、成果共享为核心，研发测井评价配套技术，在专业软件的基础上进行智能解释模块开发，将测井智能解释引入到传统的解释流程中，辅助测井分析人员快速挖掘隐藏的高价值信息。形成具有大庆特色的测井综合评价大数据分析平台，大幅提高处理解释质效，实现测井数据库、岩石物理数据库、成果数据库及标准、规范的成果库集成共享，打造测井处理解释专业化、标准化、规范化、集成化、共享化专业团队，提升大庆油田测井技术竞争力。

参 考 文 献

[1]《中国油气田开发志》总编纂委员会.中国油气田开发志（卷一）：大庆油气区卷[M].北京：石油工业出版社，2011.

[2] 傅有升.大庆勘探测井技术回顾与展望[M].北京：石油工业出版社，2014.

[3]《大庆油气勘探 50 年》编委会.大庆油气勘探 50 年[M].北京：石油工业出版社，2009.

[4] 大庆石油管理局勘探开发研究院.研究院志（第一卷）.内部资料，1998.

[5] 大庆油田志编纂委员会.大庆油田志[M].哈尔滨：黑龙江人民出版社，2009.

[6] 大庆油田石油地质志编写组.中国石油地质志（卷二）[M].北京：石油工业出版社，1987.

[7]《中国石油测井简史》编委员会.中国石油测井简史[M].北京：石油工业出版社，2022.

[8] 申力生.中国石油工业发展史[M].北京：石油工业出版社，1998.

[9] 张烈辉.油气简史[M].北京：石油工业出版社，2022.

[10] 赵培华.油田开发水淹层测井技术[M].北京：石油工业出版社，2003.

附录一　大庆油田测井机构沿革

一、电测站与地球物理室（1958—1964年）

1. 电测站

电测站是测井大队的前身。

（1）1958年5月，从玉门油田调来第一个测井队，首次在松辽盆地开展石油勘探测井、井壁取心、射孔工作。属东北松辽石油勘探处领导，测井一队队长赖维民，职工9人。

（2）1958年6月27日，石油工业部决定成立松辽石油勘探局，加强松辽盆地勘探工作。为此，1958年10月又从玉门油田调来一支测井队，成立测井二队，队长朱益丰，职工7人。此时，测井一队属松辽石油勘探局黑龙江省大队管辖，测井二队属松辽石油勘探局吉林省大队管辖。

（3）1959年9月26日，在松基三井喷出工业油流后，党中央决定在松辽盆地开展石油大会战。1960年3月底，第一批参加石油会战的17名测井人员到萨尔图与原测井人员合并，在萨中探区组建电测站，指导员潘忠信，站长褚人杰。下设测井队、射孔队、绘解室、仪修、汽修等单位，共有职工58人。

（4）1960年7月19日，随着参加会战测井人员的增加成立了测井大队，隶属于第三探区指挥部钻井公司，大队党支部书记段兆纯，大队长孙玉庭。下设8个测井队、6个射孔队、2个气测队及绘解、仪修等单位，共有职工273人。

（5）1963年7月25日，石油工业部会战领导小组决定成立大庆钻井指挥部完井作业处。测井大队改编为测井中队，归完井作业处领导，中队指导员张洪池，中队长辛清选。下设8个测井队、绘解室、仪修、保养等单位，共有职工168人。

2. 地球物理室

地球物理室是地球物理研究所的前身。

（1）1960年10月1日，北京石油科学研究院松辽研究站地球物理室在黑龙江省安达市成立。唐曾熊任主任兼党支部书记，石油工业部勘探司井筒作业处蒋学明下基层抓测井工作。下设解释组（组长唐开宁）、实验室（组长王勋）、实验队（队长牛超群），共有职工30余人。

（2）1961年1月15日，大庆会战领导小组决定成立地质指挥所，地球物理室随松辽研究站一并划归地质指挥所。1961年3月由安达市迁至萨尔图一号院，1962年又迁到让胡路。支部书记郝志兴，室主任唐曾熊。下设新方法、地面放射性勘探、解释、岩电实验、测井电模型5个研究组及一个实验队，职工共80余人。

二、钻井技术服务公司测井大队、大庆油田开发研究院地球物理研究所及探井解释攻关队（1964—1984年）

1. 钻井技术服务公司测井大队

（1）1973年7月10日，完井作业处分家重新成立测井大队，直接划归钻井指挥部领导，大队长辛清选，党总支副书记程道三、贾美英。下设测井一中队、二中队、三中队、仪修中队、服务中队及绘解室，共有职工466人。

（2）1977年11月，根据大庆党委指示，将测井大队、射孔作业大队及固井大队合并，成立完井作业大队，顾永清任大队指导员，刘永湖任大队长。测井改为中队编制，孙启学任中队指导员，陆富良任中队长，下设8个测井队及仪修、加工等辅助单位，共有职工217人。当时绘解室为另一独立中队。

（3）1978年10月28日，为进一步加强勘探工作，大庆党委决定将勘探指挥部与钻井指挥部合并成立钻探指挥部。下设测井射孔大队，刘永湖任大队党委书记，张迎东任大队长。下设测井一中队、二中队、射孔中队、绘解室、保养站及机关9个支部，共有职工1014人。

（4）1981年12月，为了加强专业化管理，大庆党委决定撤销钻探指挥部，成立钻井技术服务公司，测井成为独立大队划归钻井技术服务公司管理，张迎东任大队党委书记，伦保平任大队长。下设测井一中队、二中队、三中队等8个单位，共有测井小队18个，职工1184人。

2. 大庆油田开发研究院地球物理研究所

（1）1964年4月28日，为加强测井技术研究工作，以原地质指挥所地球物理室为基础，从完井测井中队及井下物理站抽调技术骨干组建地球物理研究所，划归大庆油田开发研究院（简称研究院）领导，李清超任所党总支书记，孟尔盛任所长。下设解释、声波、放射性、井下、新技术5个研究科室，加上管理室及1个实验队，共有职工166人。

（2）1964—1965年，研究院工厂、两个地震队及大庆家属半导体厂相继划归地球物理研究所管辖，全所职工增至500余人。

（3）1966年7月，"文化大革命"期间办"毛泽东思想大学校"，地球物理研究所解散研究人员分别下放到井下物理站或完井测井中队劳动改造。1966年12月，随着被下放的科技人员返回研究院，地球物理研究所又重新恢复。

（4）1968年，经上级决定撤销井下室，将生产测井技术及研究成果全部移交给井下物理站。

（5）1969年4月与1970年4月，两批共83人参加江汉油田会战，研究院工厂划归研究院直接领导。为此地球物理研究所改为地球物理研究室，李明生任党支部书记，于铨任室主任。共有职工68人。

（6）1970年11月11日，研究院推行"连营"建制，地球物理研究室更名为"二营八连"，赵跃五任指导员，李明生任连长。1972年6月11日，研究院撤销"连营"建制恢复地球物理研究室，于铨任支部书记，吕文亭任主任。

（7）1975年4月7日，研究院与设计院合并成立"大庆油田科学研究设计院"，地球物理研究室划归勘探所领导，吕文亭任室主任兼支部书记。1976年7月，耿秀文任室主任。

（8）1978年4月，恢复地球物理研究所编制，张长恩任指导员，辛清选任副院长兼所长。1978年10月，耿秀文任副院长兼所长，共有职工166人。1983年12月31日，两院分家，地球物理研究所又归大庆油田勘探开发研究院直接管理，共有职工 221 人。

3. 探井解释攻关队

为使 1979 年引进的德莱赛 3600 测井装备解决好大庆首批钻深探井地质难题，1980 年大庆石油管理局（简称管理局）决定成立"探井解释攻关队"。局副总工程师牛超群任组长，钻井技术服务公司主管副经理王寿美、地球物理研究所解释室主任傅有升任副组长，组织测井大队绘解室及地球物理研究所解释室 12 名技术骨干进行刻苦攻关，经过两年努力，取得较圆满成果。

三、大庆石油管理局勘探部（勘探公司）、大庆油田勘探开发研究院测井室与大庆石油管理局测井公司（1984—2021 年）

1. 大庆石油管理局勘探部（处）及勘探公司

（1）大庆石油管理局勘探部（处）。

大庆石油管理局勘探部成立于 1982 年，其前身为大庆石油管理局地质处，作为局机关的职能部门，负责整个油田勘探工作的协调管理。大庆测井公司成立后行政业务划归局勘探部直接领导。

1983—1986 年，丁贵明任勘探部主任。1986 年，牛超群任勘探部主任工程师，主管勘探测井工作，日常勘探测井工作由王书贤管理。

1987—2000 年 11 月，薛维志任勘探部（处）主任，1993 年改名为勘探处。

2000 年 11 月，金成志任勘探部主任，2000 年又改名为勘探部。日常勘探测井工作由孙宏智主管。

（2）勘探公司。

1993 年，勘探系统实行行政与经营职能分离改革，将原局勘探处内的项目科分离出来并进行充实加强成立勘探公司。作为局勘探生产运行部门，对管理局，负责大庆探区油气勘探计划实施，完成提交各级油气储量任务；对各勘探专业公司，作为管理局的甲方，负责项目经营管理。同时局勘探部继续实行其行政管理职能。

1993—1996 年，张自竖任勘探公司经理，王书贤、赵杰任测井总监，主管勘探测井工作。

1997—2000年11月，高富任勘探项目经理部主任。1997年改名为勘探项目经理部，1998年起由赵杰、林旭东任测井总监，主管测井工作。

2000年11月至2007年8月，王玉华任勘探分公司经理。2000年改名为勘探分公司。

2007年8月，厉玉乐任勘探分公司经理。

2. 大庆油田勘探开发研究院测井室

从1984年地球物理研究所调出后，大庆油田勘探开发研究院从事测井工作技术人员数量少且分散在勘探、开发各项目组中，不利于测井技术发展。为加强研究院测井解释研究力量，适应油田可持续发展，2001年3月，大庆油田勘探开发研究院党委决定成立"地球物理测井研究室"，刘传平任室主任。下设水淹层解释、探井解释、密闭取心、储量参数、储量复算5个研究小组，共有职工23人。

2004年3月，为加强天然气勘探测井研究工作，成立天然气测井评价项目组，李洪娟任组长。

2006年3月，为适应海塔石油会战需要，成立海塔联合攻关项目组，文政任组长。

2007年8月，刘传平调任研究院副总工程师，闫伟林任室主任。

2019年，随着碳酸盐岩储层逐渐成为资源接替的新领域，成立碳酸盐岩测井评价组，文政任组长。

2019年3月，为配合大庆油田提出的主攻"古龙页岩油"战略，成立页岩油测井评价组，郑建东任组长。

2020年6月闫伟林聘任大庆油田勘探开发研究院"探评井测井评价技术"企业技术专家，2021年3月殷树军任室主任。

3. 大庆石油管理局测井公司

为了进一步加强专业化管理，1984年4月1日，中共大庆石油管理局委员会决定成立大庆测井公司。人员由原钻井技术服务公司测井大队及大庆油田开发研究院地球物理研究所组成。王平珊任党委书记（1984年4月至1993年5月），王寿美任经理（1984年4月至1997年11月），下设测井一大队、二大队、三大队、仪修站、绘解站、研究所、器材站、矿建、车队及机关等单位，共有一个引进 3600 测井队，34 个国产测井队，职工 1538 人。

根据中国进出口总公司与斯伦贝谢远东分公司签订 CTA-83029 号合同，斯伦贝谢一个 CSU 测井队于 1984 年 12 月 6 日到大庆服务。为此，1984 年 11 月 7 日管理局决定调整中方领导小组，梅江任副局长兼组长，牛超群、王寿美、耿秀文任副组长，成员有孙同江、任佐斌、郭守权、李明刚。中方经理耿秀文，办公室组长郁义安，资料评价组组长傅有升，译员组组长张义元。1985 年 2 月 20 日，大庆测井公司党委决定成立引进办公室加强对 CSU 服务队管理工作，李海通任负责人兼党支部书记。1990 年 12 月成立引进大队，祝海泉任大队长。

1993 年 3 月，为落实管理局关于对综合经济实施"一个领导主管，一个机构统管""两分离、七划开"指示精神，组建银浪工贸实业公司，苏业文任经理兼党支部书记。包括德赛电子仪器公司、特种电缆厂、汽车改装厂、运输分公司、农工商分公司、银浪商场、服装厂等 21 个厂点。安排就业人员 705 人，其中职工 436 人，家属 205 人，待业青年 64 人。

1993 年 5 月，大庆测井公司由王寿美任经理兼党委书记（1993 年 5 月至 1994 年 5 月），共有测井队 51 个。其中 CSU 井队 4 个，3700 测井队 1 个，国产 JD-581 测井队 46 个，职工 2788 人。1993 年 10 月 22 日，将引进大队改名为数控大队。

1994 年 5 月，大庆测井公司耿秀文任党委书记（1994 年 5 月至 1997 年 11 月），王寿美任经理。

为进行专业化重组，1997 年管理局决定成立钻探工程总公司，大庆测井公司划归其直接领导，多种经营脱离大庆测井公司由管理局直接管理。1997 年 11 月，根据《大庆石油管理局职能机构调整的实施意见》，钻探工程服务总公司撤销，大庆测井公司独立为局属二级单位，更名为大庆石油管理局测井公司。王寿美任党委书记（1997 年 11 月至 1999 年 6 月），李剑浩任经理（1997 年 11 月至 2001 年 7 月），共有测井队 57 个。其中成像测井 2 个队，数控测井 5 个队，国产测井 50 个队。职工 2597 人。

2000 年初，为适应油公司上市需要，大庆油田公司从大庆石油管理局分离出去，大庆测井公司作为专业化服务公司归大庆石油管理局钻探实业部直接领导。李海鸥任党委书记（1999年6月至2001年10月），李剑浩任经理。共有测井队58个，其中成像测井队4个、数控测井队4个、国产小数控测井队50个。由于推行职工自愿买断政策，职工人数从1999年底的2451人减少至2000底的1813人。

2004年9月，大庆石油管理局为推行集团化管理，决定成立大庆石油管理局钻探集团（简称钻探集团），大庆测井公司划归钻探集团直接领导。姜万祥任钻探集团测井公司党委书记，石德勤任钻探集团测井公司经理。

2008年3月，集团公司整合大庆石油管理局钻探集团、技术培训中心的4支钻井队伍，大庆油田有限责任公司地质录井分公司、井下作业分公司钻井部分、吉林油田公司的8个钻探单位，在大庆油田体制内组建大庆钻探工程公司。大庆石油管理局钻探集团测井公司更名为大庆钻探工程公司测井一公司，姜万祥任党委书记，陶宏根任经理，共有测井队72个。其中，引进队16个、国产队56个（数控测井队37个），职工1720人。

2010年9月，为贯彻落实集团公司工作会议精神，促进油田工程技术服务业务的整体协调和可持续发展，切实增强一体化服务能力和企业创效能力，大庆石油管理局决定对大庆钻探工程公司有关单位按照业务相近、规模适中、精干高效的原则进行重组整合。测井一公司和测井二公司合并整合为大庆钻探工程公司测井公司。公司本部办公地点不变，所属吉林工作区办公地点位于吉林省松原市宁江区工农路。

2017年12月，集团公司实施专业化重组，大庆钻探工程公司测井公司整体划归中国石油集团测井有限公司（简称中油测井公司；中油测井公司大庆分公司简称大庆分公司），机构规格正处级，设机关职能部门17个：办公室（党委办公室）、人事科（党委组织部）、规划经营科、财务资产科、生产运行科、安全环保科、纪委监察科、装备管理科、企业文化科（党委宣传部）、工会（团委）、综合管理科、生产作业科、安全管理科、人事劳资科、科技科、经营管理科、党群工作科；机关直属单位2个：市场管理中心、离退与稳定工作管理中心；机关附属单位2个：QHSE监督站、会计核算站；所属单位20个：测井一大队、测井二大队、测井三大队、测井四大队、测井五大队、测井六大队、测井七大队、射孔大队、数据处理解释一站、数据处理解释二站、测井研究一所、测井研究二所、测井仪器维修中心、技术质量管理中心、培训中心、信息中心、物资供应一站、物资供应二站、综合服务大队、生产服务大队。在册员工2767人。共有HY1000测井系统30套，5700测井系统8套，LOGIQ测井系统7套，WISEYE1000测井系统22套，EILog系列4套，HH2530系列11套，SDZ系列17套，综合射孔地面系统10套。资产总额14.1亿元。

大庆分公司主要从事国内外油气田测井、射孔、测试、测井解释、油藏评价等技术服务，以及与上述仪器相关的制造、销售、租赁、维修、软件开发、物理实验、现场试验等业务。国内服务市场以大庆油田、吉林油田为主，同时外赴塔里木、冀东、海拉尔等油田提供技术服务；海外市场运营印度尼西亚、伊拉克、蒙古3个项目。

截至2018年12月31日，大庆分公司设机关科室17个：办公室（党委办公室）、人事科（党委组织部）、规划经营科、财务资产科、生产运行科、安全环保科、纪委监察科、装备管理科、企业文化科（党委宣传部）、工会（团委）、综合管理科、生产作业科、安全管理科、人事劳资科、科技科、经营管理科、党群工作科；机关附属2个：QHSE监督站、会计核算站；机关直属2个：市场管理中心、离退与稳定工作管理中心；所属三级单位20个：测井一大队、测井二大队、测井三大队、测井四大队、测井五大队、测井六大队、测井七大队、射孔大队、数据处理解释一站、数据处理解释二站、测井研究一所、测井研究二所、测井仪器维修中心、技术质量管理中心、培训中心、信息中心、物资供应一站、物资供应二站、综合服务大队、生产服务大队。共有在册员工2663人，其中博士3人、硕士116人、本科1054人，专业技术人员994人，高级技术职称人员328人，集团公司高级技术专家1人、技能专家2人。作业队伍110支。

自成立以来，大庆分公司主要服务于大庆、吉林、辽河、新疆、冀东、海拉尔、中原、胜利、青海、江苏、玉门等10多个国内油气田，开拓印度尼西亚、蒙古、伊拉克、莫桑比克、哈萨克斯坦、塔吉克斯坦、委内瑞拉等7个国外市场。截至 2019 年 12 月，先后获国家级科技奖励 3 项、省部级奖励 22 项、油田级奖励 369 项。2000 年完成的"测井解释工作站系统"是首套自主研发的水淹层测井资料自动化处理解释软件，在大庆油田全面推广应用，获国家科学技术进步奖二等奖。2008 年完成的"酸性火山岩测井解释方法、理论与应用"，有力支撑了火山岩勘探开发，获国家科学技术进步奖二等奖。2014 年参与研究的"大型复杂储层高精度测井解释系统 CIFLog 及工业化应用"，获国家科学技术进步奖二等奖。2010 年，专门针对大庆油田高含水后期薄差储层评价需要，研发了 0.2m 分辨率测井仪器系列，纵向分辨率从 0.4m 提高到 0.2m，被评为 2013 年度中国石油工程技术"十大利器"。

附录二 历年科技成果获奖项目一览表

序号	获奖时间	成果名称	获奖等级
1	1987年	放射性同位素示踪技术在油田开发中的应用	国家科学技术进步奖二等奖
2	1995年	长垣以西含钙砂泥岩薄互层测井解释方法研究	大庆石油管理局 科学技术进步奖一等奖
3	1996年	喇、萨、杏油田表外储层地质储量研究与计算	大庆石油管理局 科学技术进步奖一等奖
4	1998年	含钙低阻薄互层储层油水层识别及 参数解释方法研究	大庆石油管理局 科学技术进步奖一等奖
5	1999年	大庆长垣新测井系列储层厚度解释电性标准研究	大庆石油管理局 科学技术进步奖二等奖
6	2000年	喇萨杏油田过渡带地质储量参数研究及 储量计算研究	大庆油田有限责任公司 技术创新奖二等奖
7	2003年	薄差层水淹层测井解释技术方法研究	大庆油田有限责任公司 技术创新奖一等奖
8	2004年	葡西油田葡萄花油层地质特征研究	大庆油田有限责任公司 技术创新奖一等奖
9	2005年	喇萨杏油田萨零组油层地质储量研究	大庆油田有限责任公司 技术创新奖二等奖
10	2006年	水淹层测井解释技术	中国石油天然气股份有限公司 技术创新奖三等奖
11	2006年	薄差层水淹层测井解释技术研究	国土资源科学技术奖二等奖
12	2007年	薄差层水淹层测井解释技术推广应用	大庆油田有限责任公司 技术创新奖二等奖
13	2009年	特高含水期厚油层内部水淹层细分测井解释方法	大庆油田有限责任公司 技术创新奖一等奖
14	2009年	苏德尔特油田布达特群潜山油藏油水层识别及 有效厚度标准研究	大庆油田有限责任公司 技术创新奖二等奖

续表

序号	获奖时间	成果名称	获奖等级
15	2009年	喇萨杏油田DLS测井系列各类厚度典型标准研究	大庆油田有限责任公司技术创新奖二等奖
16	2010年	PROVT电缆地层测试资料处理解释软件	计算机软件著作权
17	2010年	MDT测试解释技术及应用研究	大庆油田有限责任公司技术创新奖二等奖
18	2011年	松辽盆地北部浅层气分布规律与勘探目标研究	大庆油田有限责任公司技术创新奖二等奖
19	2011年	喇萨杏油田各类厚度标准推广及解释软件应用研究	大庆油田有限责任公司技术创新奖一等奖
20	2011年	高含水后期水淹层测井评价技术研究	中国石油天然气集团公司技术创新奖三等奖
21	2012年	大庆长垣扶余油层测井精细评价研究	大庆油田有限责任公司技术创新奖二等奖
22	2013年	海拉尔盆地已开发油田有效厚度及储层参数精细解释研究	大庆油田有限责任公司技术创新奖二等奖
23	2013年	呼和诺仁油田砂砾岩储层水淹层解释方法研究	大庆油田有限责任公司技术创新奖二等奖
24	2013年	大庆长垣以西地区葡萄花油层流体识别及储量参数研究	中国石油和化学工业联合会科学技术进步奖三等奖
25	2014年	一种MDT测试动态光谱流体识别方法	发明专利
26	2014年	一种MDT测试动态光谱流体识别方法	大庆油田有限责任公司技术创新奖二等奖
27	2014年	齐家地区高台子油层测井精细评价技术研究	大庆油田有限责任公司技术创新奖二等奖
28	2015年	大庆油田深层火成岩测井评价与射孔工艺配套技术	黑龙江省科学技术进步奖一等奖
29	2016年	长垣0.2m高分辨率测井系列水淹层精细解释技术研究	大庆油田有限责任公司技术创新奖一等奖
30	2017年	宋芳屯、卫星、徐家围子、朝阳沟油田水淹层测井解释技术研究	大庆油田有限责任公司科学技术进步奖二等奖

续表

序号	获奖时间	成果名称	获奖等级
31	2018年	杏北开发区表外储层参数计算方法完善及孔渗特征研究	大庆油田有限责任公司科学技术进步奖二等奖
32	2019年	古龙、徐家围子地区复杂油水层测井精细评价技术研究	大庆油田有限责任公司技术创新奖一等奖
33	2020年	古页1井测井设计	大庆油田有限责任公司规划设计奖特等奖
34	2020年	开发测井资料处理解释平台2.0研制	大庆油田有限责任公司科学技术进步奖二等奖
35	2021年	开发井测井资料处理解释平台软件	计算机软件著作权

附录三　大庆油田裸眼井测井大事记

1958 年

5月,从玉门油田调来第一支测井队,首次在松辽盆地开展石油勘探测井、井壁取心、射孔工作。属东北松辽石油勘探处领导,测井一队队长赖维民,职工9人。

6月27日,石油工业部决定成立松辽石油勘探局,加强松辽盆地勘探工作。

10月,又从玉门油田调来一支测井队,成立测井二队,队长朱益丰,职工7人。测井一队属松辽石油勘探局黑龙江省大队管辖,测井二队属松辽石油勘探局吉林省大队管辖。

1959 年

9月26日,对松辽盆地松基三井测井解释的1357.0~1382.5m高台子组油层进行试油,获日产油12.5t工业油流,该井是大庆油田发现井。在松基三井喷出工业油流后,党中央决定在松辽盆地开展石油大会战。

1960 年

3月底,第一批参加石油会战的测井人员17人到萨尔图与原测井人员合并。在萨中探区组建电测站,指导员潘忠信,站长褚人杰。7月19日,成立了测井大队,隶属于第三探区指挥部钻井公司,大队党支部书记段兆纯,大队长孙玉庭。

10月1日，北京石油科学研究院松辽研究站地球物理室在黑龙江省安达市成立。

大庆地球物理研究所建立岩石电性实验室，开展"岩石浸出水法确定束缚水电阻率、岩石扩散吸附电位""地层孔隙度、含水饱和度图版研制"等实验研究。

1961年

1月15日，大庆会战领导小组决定成立地质指挥所，地球物理室随松辽研究站一并划归地质指挥所。支部书记郝志兴，室主任唐曾熊。

3月，地球物理室由安达市迁至萨尔图一号院。1962年，迁到让胡路。

1963年

7月25日，石油工业部会战领导小组决定成立大庆钻井指挥部完井作业处。测井大队改编为测井中队归完井作业处领导，中队指导员张洪池，中队长辛清选。

1964年

4月28日，以原地质指挥所地球物理室为基础，从完井测井中队及井下物理站抽调技术骨干组建地球物理研究所，划归大庆油田开发研究院领导，李清超任所党总支书记，孟尔盛任所长。

1965年

7月，大庆油田测井开始使用西安仪器厂生产的JD-581型多线测井仪，逐步取代苏联生产的AKC-50和AKC-51型测井仪。

1966 年

7月,"文化大革命"期间办"毛泽东思想大学校",地球物理研究所解散研究人员分别下放到井下物理站或完井测井中队劳动改造。

12月,随着被下放的科技人员返回研究院,地球物理研究所又重新恢复。

1968 年

经上级决定撤销井下室,将生产测井技术及研究成果全部移交给井下物理站。

1969 年

4月与1970年4月,两批共83人参加江汉油田会战,工厂、两个地震队及家属半导体厂划归大庆油田开发研究院直接领导。为此地球物理研究所改为地球物理研究室,李明生任党支部书记,于铨任室主任。

1970 年

6月,国产声幅测井仪投入使用,代替了测量井温检查固井质量的方法(套管井)。

11月11日,研究院推行"连营"建制,地球物理研究室更名为"二营八连",赵跃五任指导员,李明生任连长。

1972 年

6月11日,研究院撤销"连营"建制恢复地球物理研究室,于铨任支部书记，吕文亭任主任。

1973 年

7月10日，完井作业处分家重新成立测井大队，直接划归钻井指挥部领导，大队长辛清选，党总支副书记程道三、贾美英。

1974 年

7月，按探井测井解释需要，全面推广应用简化横向测井系列：老横向简化、加三侧向、声速等，满足了外围薄互储层参数定量解释的需要。

大庆勘探开发研究院地球物理研究所成功研制锂玻璃闪烁体中子—中子测井仪，使用镅—铍中子源，以及锂玻璃晶体与光电倍增管配合组成闪烁探测器。

1975 年

4月7日，研究院与设计院合并成立"大庆油田科学研究设计院"，地球物理研究室划归勘探所领导，吕文亭任室主任兼支部书记。

1976 年

7月，耿秀文任地球物理研究室主任。

1977 年

11月，根据大庆党委指示，将测井大队、射孔作业大队及固井大队合并，成立完井作业大队，顾永清任大队指导员，刘永湖任大队长。测井改为中队编制，孙启学任中队指导员，陆富良任中队长。

1978 年

3月,由研究院地球物理研究所研制的百道能谱测井仪和井下声波电视仪获得全国科技大会奖。

4月,恢复地球物理研究所编制,张长恩任指导员,辛清选任副院长兼所长。

10月,耿秀文任地球物理研究所副院长兼所长,共有职工166人。

10月28日,为进一步加强勘探工作,大庆党委决定将勘探指挥部与钻井指挥部合并成立钻探指挥部。下设测井射孔大队,刘永湖任大队党委书记,张迎东任大队长。下设测井一中队、测井二中队、射孔中队、绘解室、保养站及机关9个支部,共有职工1014人。

1979 年

5月,石油工业部从胜利油田调拨给大庆一套外国测井仪DA-3600系列数字测井仪。

1980 年

为使1979年引进的德莱赛3600测井装备解决好大庆首批钻深探井地质难题,1980年大庆石油管理局决定成立"探井解释攻关队"。局副总工程师牛超群任组长,钻井技术服务公司主管副经理王寿美、地球物理研究所解释室主任傅有升任副组长,组织测井大队绘解室及地球物理研究所解释室12名技术骨干进行刻苦攻关,经过两年努力,取得较圆满成果。

1981 年

12月,为了加强专业化管理,大庆党委决定撤销钻探指挥部,成立钻井技术服务公司，测井成为独立大队划归钻井技术服务公司管理，张迎东任大队党委书记，伦保平任大队长。

1982 年

大庆石油管理局勘探部成立，其前身为大庆石油管理局地质处。作为局机关的职能部门，负责整个油田勘探工作的协调管理，大庆测井公司成立后行政业务划归局勘探部直接领导。丁贵明任勘探部主任。

7月，钻井技术服务公司测井大队引进3220系列数字处理计算机。

8月19日，中共中央总书记胡耀邦来大庆油田视察，对大庆油田提出三大任务，要求大庆加强勘探，开阔视野，力争找到更多的油气资源。

1983 年

12月31日，研究院与设计院两院分家，地球物理研究所又归大庆油田勘探开发研究院直接管理，共有职工221人。

1984 年

4月1日，大庆石油管理局成立大庆石油管理局测井公司。人员由原钻井技术服务公司测井大队及研究院地球物理研究所组成。王平珊任党委书记（1984年4月至1993年5月）、王寿美任经理（1984年4月至1997年11月），下设测井一大队、二大队、三大队、仪修站、绘解站、研究所、器材站、矿建、车队及机关等单位，共有一个引进3600测井队，34个国产测井队，职工1538人。

12月6日，根据中国进出口总公司与斯伦贝谢远东分公司签订CTA-83029号合同，斯伦贝谢一个CSU测井队到大庆服务。

1985 年

2月20日，大庆测井公司党委决定成立引进办公室加强对CSU服务队管理工作，李海通任负责人兼党支部书记。1990年12月成立引进大队，祝海泉任大队长。

5月13日，在石油工业部召开的东部石油勘探会上，公司二大队206测井队被授予"1984年社会主义劳动竞赛金牌队"。

1986 年

1月26日，在大庆油田年产原油五千万吨稳产再十年庆功大会上，石油工业部授予测井公司"勇攀测井技术高峰，十年稳产成绩卓著"锦旗。

8月11日至22日，应唐曾熊总地质师的邀请，美国长峰能源公司总裁葛朗尼卡·马提、副总裁陈登波博士等一行3人，来大庆进行学术交流及友好访问。大庆油田勘探开发研究院副总地质师程学儒、大庆测井公司副总工程师常明澈分别介绍了大庆油田地质特征与勘探形势、大庆测井技术发展及现状。客人进行了"地层倾角和探井气层解释分析技术"讲座，大庆有8个单位的76人参加。

大庆测井公司研究完成的"第三套水淹层测井解释方法"和"利用自然电流和改进自然电位测井方法划分薄层水淹层研究"均获石油工业部科学技术进步奖一等奖。

1987 年

7月，由大庆石油管理局、胜利石油管理局、大港石油管理局、辽河石油勘探局、中国原子能科学研究院、江汉石油管理局和河南石油勘探局共同完成的"放射性同位素示踪技术在油田开发中的应用"获1987年国家科学技术进步奖二等奖。获奖人员：乔贺堂、马明月、施锷、陶润琛、滕征森、刘有信、薛忠、朱建英和徐恩。

10月16日，为适应外围中浅层高泥高钙砂泥薄互层勘探工作需要，引进3套斯伦贝谢CSU数控测井系列；大庆测井公司引进的3套2600系列CSU测井仪器于5月25日验收结束，转入试投产。11月4日正式投产。

10月，在大庆市科学技术进步奖授奖大会上，大庆测井公司有10项科研项目获奖，其中，"自然伽马标准刻度井设计与建造"获一等奖，"调整组合面板和微球聚焦测井"获二等奖，"地层因素与孔隙度关系研究"等获三等奖。

12月15日，在大庆市科委召开的表彰大会上，大庆测井技术咨询服务公司被授予市先进单位，技术咨询项目"南阳油田测井"获大庆市一等奖。

12月25日，大庆石油管理局安全委员会授予大庆测井公司"1987年度'安全生产、文明生产'金牌单位"。

1988 年

3月至6月，先后举办两期地震、测井解释学习班。参加人员有研究院勘探室主任、各公司总地质师和勘探项目经理、主任工程师、主任等64人。张兆琦副总地质师主持了开学典礼。

6月8日，大庆测井公司被评为国家二级企业单位。

"第三套水淹层测井解释方法"获1988年大庆市科技成果奖一等奖。

1989 年

1月31日，大庆测井公司被评为省级节能先进单位。

6月，公司团委获黑龙江省青工"五小成果"智慧杯一等奖。

同月，108队被评为1988年度石油工业同工种劳动竞赛金牌测井队。

常明澈被评选为"有突出贡献的专业技术拔尖人才"。

9月27日，经国务院批准，中国石油天然气总公司在大庆隆重召开大庆油田发现30周年庆祝大会，并在松基三井建立纪念碑。

9月28日，在庆祝建国40周年和油田发现30周年大会上，测井一大队108小队荣获"大庆油田发现三十周年百面红旗先进单位"。

是年，开展岩石自然伽马能谱与岩性、泥质含量及有机碳含量关系，铀、钍、钾与总自然伽马关系研究成功，为自然伽马能谱测井仪研制及地质应用提供实验基础。

1990年

5月10日，大庆测井公司购进西方阿特拉斯公司3700测井仪。

5月15日至6月16日，经中国石油天然气总公司标准化检查认证专家组认证，大庆物探公司、地质录井公司、大庆测井公司、试油试采公司、射孔弹厂的标准化通过二级验收。

8月23日，在轮南5井井场，江泽民总书记亲切接见参加新疆塔里木会战的大庆CSU数控测井2018队队长张林虎、操作员吴志明、司机袁从顺等全体人员。

9月23日，大庆测井公司"经营决策辅助系统"项目被中国石油企协评为一九九〇年度管理现代化成果一等奖。

12月，大庆测井公司成立引进大队，祝海泉任大队长。

大庆测井公司李海军、吴志明、朱士祥、陶宏根获局劳动模范。

是年，测井108队连续三年荣获中国石油天然气总公司同工种社会主义劳动竞赛金牌奖。

1991年

常明澈被评选为"首批石油工业有突出贡献的科技专家"。

8月5日，大庆测井公司通过中国石油天然气总公司组织的专家小组对公司全面质量管理的检查与评审，成为全国测井行业第一个荣获中国石油天然气总公司质量管理奖的单位。

完成"高分辨率声波测井仪"研制，获 1991 年大庆石油管理局科技成果奖一等奖。

1992 年

"喇嘛甸油田高台子油层水淹层综合解释技术"研究项目获 1992 年大庆石油管理局科技成果奖一等奖。

大庆测井公司信息中心与哈尔滨工业大学联合研制的"测井公司管理信息系统（生产指挥部分）"通过省级鉴定。经专家确认，达到国内领先水平，在全国石油行业属首创。

"高分辨率三侧向测井仪研制"获 1993 年大庆市科技成果奖一等奖。

1993 年

勘探部改名为勘探处。

3 月，为落实管理局关于对综合经济实施"一个领导主管，一个机构统管""两分离、七划开"指示精神组建银浪工贸实业公司，苏业文任经理兼党支部书记。

5 月，大庆测井公司由王寿美任经理兼党委书记（1993 年 5 月至 1994 年 5 月），共有测井队 51 个。其中 CSU 井队 4 个，3700 测井队 1 个，国产 JD-581 测井队 46 个，职工 2788 人。

6 月 23 日至 25 日，美国哈里伯顿总公司戴尔·琼斯率 4 人石油代表团在中国石油天然气总公司外事局联络处处长康明章等陪同下来大庆石油管理局参观访问。高瑞祺副局长陪同参观了采油一厂注聚合物现场、钻井技术服务公司固井大队、射孔弹厂、射孔器材检测中心、大庆测井公司、井下作业公司固井大队和研究院地宫、计算站。

10 月 22 日，将引进大队改名为数控大队。

1994 年

11月9日至11日，在大庆石油管理局生产测井研究所召开的测井技术科技论文发布会上，公司有27篇论文发表，获一等奖5篇、二等奖8篇、三等奖9篇、鼓励奖5篇。

绘解站探井解释QC小组成果"提高两江地区探井解释符合率"分别获得国家级和总公司级一等奖。该小组荣获石油天然气系统唯一的国家级"质量信得过"班组称号。

"高分辨率声波测井仪"项目，获1994年中国石油天然气总公司科学技术进步奖二等奖。

"厚层非均质细分水淹层测井解释方法研究"获1994年大庆市科技成果奖一等奖。

1995 年

2月，"长垣以西含钙砂泥岩薄互层测井解释方法研究"获大庆石油管理局科学技术进步奖一等奖。

12月19日至21日，大庆石油管理局1995年度勘探技术座谈会第一阶段会议分别于物探公司、测井公司、录井公司、试油试采公司、射孔弹厂召开。局副总地质师张兆琦、副总工程师牛超群和勘探处、勘探公司、研究院等有关单位负责人及业务骨干600余人参加了会议。副局长高瑞祺主持了会议。会议听取了物探、测井、录井、试采、弹厂、检测中心等6个单位的汇报，并对其技术总结、1996年工作安排、"九五"设想进行了讨论。

1996 年

"高分辨率三侧向测井仪研制"获1996年中国石油天然气总公司科学技术

进步奖二等奖。

"喇、萨、杏油田表外储层地质储量研究与计算"获大庆石油管理局科学技术进步奖一等奖。

1997 年

为进行专业化重组，1997年大庆石油管理局决定成立钻探工程总公司，大庆测井公司划归其直接领导，多种经营脱离大庆测井公司由大庆石油管理局直接管理。

11月，根据"大庆石油管理局职能机构调整的实施意见"，钻探工程服务总公司撤销，大庆测井公司独立为局属二级单位，更名为大庆石油管理局测井公司。

以"厚层非均质层细分水淹层测井解释方法"与"薄差砂泥岩储层水淹层测井解释方法"为主的"大庆油田水淹层配套测井技术推广应用"获1997年中国石油天然气总公司新技术推广一等奖。

"东部深层储量参数研究"获大庆石油管理局科学技术进步奖二等奖，主要完成人：李红娟、吴海波、陈立英、冯友良、齐景顺。

"高含水后期储层参数自动解释系统"获大庆石油管理局科学技术进步奖一等奖，主要完成人：闫伟林、苏洋、杨根锁、刘传平。

1998 年

3月2日，在黑龙江省青年志愿者行动总结表彰大会上，公司仪修站副站长曹扬被评为全省首届十大杰出青年志愿者。

"含钙低阻薄互层储层油水层识别及参数解释方法研究"获大庆石油管理局科学技术进步奖一等奖，主要完成人：刘传平、杨清山、钟淑敏、安丰全。

1999 年

"聚合物注入剖面氧活化测井仪研制、双探测器 C/O 能谱测井仪研制"获得大庆油田 1999 年度科学技术进步奖一等奖。

"大庆长垣新测井系列储层厚度解释电性标准研究"获大庆石油管理局科学技术进步奖二等奖,主要完成人:吕晶、窦凤华、孙国红、孙凤金。

"密闭取心井薄差层水淹识别及剩余油分布研究"获大庆石油管理局科学技术进步奖二等奖,主要完成人:程保庆、魏国章、杜庆龙、张永庆。

2000 年

勘探处又改名为勘探部,金成志任勘探部主任。日常勘探测井工作由孙宏智主管。

2000 年初,为适应油公司上市需要,大庆油田股份有限责任公司(油公司)从大庆石油管理局分离出去,大庆测井公司作为专业化服务公司归大庆石油管理局钻探实业部直接领导。大庆测井公司获"黑龙江省省级文明单位"。

"喇萨杏油田过渡带地质储量参数研究及储量计算研究"获大庆油田有限责任公司技术创新奖二等奖,主要完成人:吕晶、窦凤华、孙国红、李洁。

2001 年

1 月 3 日,大庆石油管理局测井公司、中国石油勘探开发研究院和辽河石油勘探局测井公司共同完成的"测井解释工作站系统"获 2000 年度国家科学技术进步奖二等奖。主要完成人:常明澈、李宁、于亚娄、杜贵彬、童晓玲、张玲、陆阳、王建强、邱汉强、乔德新。

3 月,以勘探研究一室、开发研究二室、密闭取心检查井室、开发规划室的测井有关专题研究组成立地球物理测井研究室,刘传平任室主任。下设水淹层解释、探井解释、密闭取心、储量参数、储量复算 5 个研究小组，同时取消了密闭取心检查井室。

2002 年

大庆测井公司研究开发中心王建民被评为黑龙江省劳动模范。

2003 年

开展岩石激发极化实验研究，研制成岩石激发极化实验装置，在对激发极化电位的大小及方向进行实验的基础上，在实验室首次测得激发极化谱，通过研究发现它与核磁共振测井 T_2 谱有很好的一致性，且与岩石渗透率有着良好对应关系，从而为激发极化测井新仪器的研制及用激发极化测井资料解决储层渗透率、孔径分布求取的难题提供了理论与实验依据。

"薄差层水淹层测井解释技术方法研究"获大庆油田有限责任公司技术创新奖一等奖。

"刻划复杂储层地质特性研究"获大庆石油管理局科学技术进步奖一等奖。

2004 年

9 月，大庆石油管理局为推行集团化管理，决定成立大庆石油管理局钻探集团，大庆测井公司划归钻探集团直接领导。姜万祥任钻探集团测井公司党委书记，石德勤任钻探集团测井公司经理。

是年，钻探集团测井公司经理石德勤获 2004 年度黑龙江省青年五四奖章、大庆市劳动模范。

"葡西油田葡萄花油层地质特征研究"获大庆油田有限责任公司技术创新奖一等奖。

2005 年

"海拉尔盆地复杂岩性测井综合评价技术研究"获大庆石油管理局科学技术进步奖一等奖。

"苏德尔特地区潜山油藏裂缝识别方法及储量参数研究"获大庆油田有限责任公司技术创新奖二等奖。

"喇萨杏油田萨零组油层地质储量研究"获大庆油田有限责任公司技术创新奖二等奖。

2006 年

1月24日，大庆油田副总工程师王玉华主持召开2006年勘探电子信息及资料共享应用会议。会议针对解决好电子信息产生、汇交、应用工程中存在的问题，充分利用勘探电子信息，提高工作效率等进行了讨论。议定2006年底前，研究院、物探、测井等部门资料要实现文档资料电子化、图件矢量化。

"徐深气田兴城、升平地区火山岩储层测井评价技术研究"获大庆油田有限责任公司技术创新奖二等奖。

"薄差层水淹层测井解释技术研究"获国土资源科学技术奖二等奖。

"水淹层测井解释技术"获中国石油天然气股份有限公司技术创新奖三等奖。

2007 年

"徐家围子地区深层火成岩气藏测井解释方法研究"项目获大庆石油管理局科学技术进步奖一等奖。

"酸性火山岩测井解释理论、方法与应用"项目获中国石油天然气集团公司技术创新奖一等奖。

"薄差层水淹层测井解释技术推广应用"项目获大庆油田有限责任公司技术创新奖二等奖。

钻探集团测井公司数据处理与解释中心李晓辉获黑龙江省五一劳动奖章和巾帼建功标兵称号。

2008 年

1月,中国石油天然气股份有限公司勘探开发研究院、大庆石油管理局和大庆油田有限责任公司共同完成的"酸性火山岩测井解释理论与方法"获2007年中国石油十大科技进展。

3月,中国石油天然气集团公司整合大庆石油管理局钻探集团、技术培训中心的4支钻井队伍,大庆油田有限责任公司地质录井分公司、井下作业分公司钻井部分,吉林油田公司的8个钻探单位,在大庆油田体制内组建大庆钻探工程公司。大庆石油管理局钻探集团测井公司更名为大庆钻探工程公司测井一公司,姜万祥任党委书记、陶宏根任经理,共有测井队72个。

12月3日,中国石油天然气股份有限公司勘探开发研究院、大庆石油管理局和大庆石油有限责任公司共同完成的"酸性火山岩测井解释理论、方法与应用"获2008年度国家科学技术进步奖二等奖,主要完成人:李宁、陶宏根、卢怀宝、王宏建、李庆峰、赵杰、乔德新、周灿灿、刘传平、董丽欣。

2009 年

1月9日,在人民大会堂举行的2008年度国家科学技术奖励大会上,由数解中心承担的"酸性火山岩测井解释理论、方法与应用"项目荣获国家科学技术进步奖二等奖。

"特高含水期厚油层内部水淹层细分测井解释方法"获大庆油田有限责任公司技术创新奖一等奖。

"苏德尔特油田布达特群潜山油藏油水层识别及有效厚度标准研究"获大

庆油田有限责任公司技术创新奖二等奖。

"喇萨杏油田 DLS 测井系列各类厚度典型标准研究"获大庆油田有限责任公司技术创新奖二等奖。

2010 年

8月，PROVT 电缆地层测试资料处理解释软件获得计算机软件著作权。

9月，大庆石油管理局决定，对大庆钻探工程公司有关单位按照业务相近、规模适中、精干高效的原则进行重组整合。测井一公司和测井二公司合并整合为大庆钻探工程公司测井公司。

钻探工程公司测井公司针对大庆油田高含水后期薄差储层评价需要，研发了 0.2m 分辨率测井仪器系列，纵向分辨率从 0.4m 提高到 0.2m，被评为 2013 年度中国石油工程技术"十大利器"。

"MDT 测试解释技术及应用研究"获大庆油田有限责任公司技术创新奖二等奖。

"大庆长垣以西地区葡萄花油层流体识别及储量参数研究"获大庆油田有限责任公司技术创新奖二等奖。

2011 年

4月6日，钻探工程公司测井公司研制开发的高分辨率密度测井仪器获实用型国家专利奖。该仪器改变原密度测井仪器不能满足薄差储层评价需求的缺陷，成为储层厚度划分、薄差储层参数探测及解释的重要手段和工具。

12月，贴井壁侧向测井仪成功挂接在 ECLIPS-5700 地面测量系统上。

"WISEYE1000 集成成像测井系统"获大庆油田有限责任公司科学技术进步奖一等奖。

"喇萨杏油田各类厚度标准推广及解释软件应用研究"获大庆油田有限责任公司科学技术进步奖一等奖。

"松辽盆地北部浅层气分布规律与勘探目标研究"获大庆油田有限责任公司技术创新奖二等奖。

"高含水后期水淹层测井评价技术研究"获中国石油天然气集团公司科学技术进步奖三等奖。

2012 年

"慧眼 2000 成像测井系统"获大庆油田有限责任公司科学技术进步奖一等奖。

"大庆长垣扶余油层测井精细评价研究"获大庆油田有限责任公司科学技术进步奖二等奖。

2013 年

9 月,由西部钻探承办的"中国石油第十八届测井年会"在新疆乌鲁木齐市召开。在会上交流的 68 篇论文中,由钻探工程公司测井公司科研人员撰写的《过钻杆测井系统研制》和《海拉尔盆地火山碎屑岩附加导电性分析》两篇论文荣获二等奖。

钻探工程公司测井公司"高分辨率双侧向、阵列感应与中子测井仪器研制"项目获 2013 年度大庆油田有限责任公司科学技术进步奖一等奖。

"呼和诺仁油田砂砾岩储层水淹层解释方法研究"获大庆油田有限责任公司科学技术进步奖二等奖。

"海拉尔盆地已开发油田有效厚度及储层参数精细解释研究"获大庆油田有限责任公司科学技术进步奖二等奖。

"大庆长垣以西地区葡萄花油层流体识别及储量参数研究"获中国石油和化学工业联合会科学技术进步奖三等奖。

2014 年

4 月 23 日,"一种 MDT 测试动态光谱流体识别方法"获得发明专利证书,并获得大庆油田有限责任公司优秀专利奖二等奖。

钻探工程公司测井公司参与研发的 CIFLog 软件被评为国家科学技术进步奖二等奖、中国石油天然气集团公司科学技术进步奖一等奖，在大庆油田采油厂广泛应用。

"齐家地区高台子油层测井精细评价技术研究"获大庆油田有限责任公司技术创新奖二等奖。

2015 年

10月，在 2015 年全国石油石化系统"海油杯"职业技能大赛中，由钻探工程公司测井公司代表大庆钻探组建的中国石油大庆钻探一队、二队取得了优异成绩。其中，二队获得团体第 3 名，一队获得团体第 4 名。

12月8日，大庆油田有限责任公司和中国石油集团测井有限公司共同完成的"大庆油田深层火成岩测井评价与射孔工艺配套技术"获黑龙江省科学技术进步奖一等奖。

"0.2米高分辨率水淹层测井系列"获得大庆油田有限责任公司科学技术进步奖一等奖。

2016 年

7月，经过 14 个小时施工，测井公司 ESCT 旋转式井壁取心仪优质高效完成塔 63 井施工作业，并创下单次下井取心 39 颗、岩心检测成功率 100% 的最高纪录，刷新了国产取心仪器单次下井取心历史纪录。

9月，钻探工程公司测井公司"阵列侧向测井响应特性数值分析"获得黑龙江省石油学会测试专业 2016 年论文发布一等奖。

11月10日，中国石油天然气股份有限公司勘探开发研究院、中国石油西南油气田公司、大庆油田有限责任公司、中国石油长庆油田公司和北京航空航天大学共同完成的"复杂岩性与非常规储层含气饱和度定量计算方法及工业应用"获中国石油和化学工业联合会技术发明奖一等奖。

"长垣 0.2m 高分辨率测井系列水淹层精细解释技术"获大庆油田有限责任公司科学技术进步奖一等奖。

2017 年

12月，中国石油天然气集团公司实施专业化重组，大庆钻探工程公司测井公司整体划归中国石油集团测井有限公司。

"宋芳屯、卫星、徐家围子、朝阳沟油田水淹层测井解释技术研究"获大庆油田有限责任公司科学技术进步奖二等奖。

2018 年

11月6日，中国石油天然气股份有限公司勘探开发研究院、中国石油塔里木油田公司和大庆油田有限责任公司等单位共同完成的"全新一代高端测井处理解释系统 CIFLog2.0 及其规模化应用"获得中国石油天然气集团有限公司科学技术进步奖特等奖。

"杏北开发区表外储层参数计算方法完善及孔渗特征研究"获大庆油田有限责任公司科学技术进步奖二等奖。

2019 年

3月，为进一步完善管理机制、整合资源，中油测井公司将大庆分公司吉林测井业务分立运行，成立吉林分公司。

10月，在2019中国创新方法大赛黑龙江省赛区决赛中，大庆分公司尹立山创新工作室荣获一等奖。

11月，大庆分公司尹立山创新工作室"基于 TRIZ 设计的双触点井径位移传感器与检测系统"创新项目，荣获"创新创业方法先行"2019年中国创新方法总决赛三等奖。

"古龙、徐家围子地区复杂油水层测井精细评价技术研究"获大庆油田有限责任公司科学技术进步奖一等奖。

2020 年

10月，中国石油首届一线创新大赛工程技术专业决赛在新疆阜康落幕。大庆分公司"关于井下落物打捞判断"的创新项目在53个参赛项目中获得工程技术专业二等奖，同长庆分公司、西南分公司和生产测井中心共同为中国石油天然气股份有限公司赢得团体三等奖。

"古页1井测井设计"获大庆油田有限责任公司规划设计奖特等奖。

"开发测井资料处理解释平台2.0研制"获大庆油田有限责任公司科学技术进步奖二等奖。

2021 年

3月，"开发井测井资料处理解释平台软件"获得计算机软件著作权。

5月，大庆分公司《直驱式旋转井壁取心装备研发及规模应用》《在大庆及国外测井服务中三项声电成像处理解释关键技术研究》通过中国石油和化学工业联合会科技成果评审鉴定，部分发明获得"国际领先水平"评价。

8月25日，大庆油田召开新闻发布会，大庆油田古龙页岩油勘探取得重大战略性突破，探区面积达 $1.46×10^4 km^2$，2021年落实含油面积 $1413 km^2$，新增石油预测地质储量 $12.68×10^8 t$，相当于大庆底下又找到一个"新大庆"。

12月，中国石油大庆油田有限责任公司、勘探开发研究院、中国石油长庆油田公司、中国石油新疆油田公司、吐哈油田公司、中国石油青海油田公司、中国石油塔里木油田公司和中国石油冀东油田公司等单位共同完成的"低饱和度油气层测井评价技术创新突破增储上产效果显著"获2021年中国石油十大科技进展。